Michael Steinbrecher

Wendepunkte
Wenn plötzlich alles anders ist

Mit einem Essay
von Angelika Kallwass
und einem Nachwort
von Martin Müller

KLÖPFER&MEYER

Inhalt

Wendepunkte – wenn plötzlich alles anders ist

Das Café ist nicht voll besetzt. Es wirkt wie ein größeres Wohnzimmer mit Sesseln und Sitzgruppen. Eine angenehme Atmosphäre, um sich zu unterhalten. Eine Frau schaut herüber und grüßt freundlich. Ich komme mit ihr ins Gespräch. Sie ist etwas aufgeregt, denn sie kennt die Sendung *Nachtcafé*. Aber dann schwindet ihre Aufregung, und sie beginnt zu erzählen. Sie berichtet davon, dass sie, seitdem sie denken kann, übergewichtig ist. Sie beschreibt in kurzen Worten, welche Reaktionen sie darauf bekommen hat. Und es ist nicht schwer zu erkennen, dass sie diese Reaktionen über all die Jahre verletzt haben. Und dann spricht sie von *Nachtcafé*-Gästen, die ihr im Gedächtnis geblieben sind. Davon, wie ihr durch sie plötzlich auch andere Fragen in den Kopf kamen. Wie sah es eigentlich mit meinem Selbstwertgefühl in der Kindheit aus? Wie war das Verhältnis zu meiner Mutter wirklich? Gab es unter der scheinbar heilen Oberfläche nicht doch Risse, die mein Leben geprägt haben? Zum Schluss sagt sie, ihr sei es einfach wichtig gewesen, einmal loszuwerden, dass die Geschichten der Menschen im *Nachtcafé* sie inspiriert haben, auch mal aus einer anderen Perspektive auf ihr Leben zu schauen. Und sie sagt noch einen Satz: »Wir sehen in dem anderen doch immer auch uns selbst.«

Genau das ist etwas, das wir uns von diesem *Nacht-café*-Buch erhoffen. Dass Sie sich auf diese Geschichten einlassen, die das Leben geschrieben hat. Und dass Sie diese Geschichten über Wendepunkte abgleichen mit Ihrem eigenen Leben. Wie hätte ich reagiert? Hätte ich den Mut zu diesem Schritt gehabt? Habe ich eine solche Zerrissenheit schon erlebt? Womit in meinem Leben bin ich im Reinen? Was möchte ich ändern? Und warum habe ich es noch nicht getan? Was hält mich ab? Wie bin ich zu dem geworden, der ich heute bin?

In Wendepunkten bündelt sich so viel von dem, was unser Leben ausmacht. Sind Sie ein Mensch, der auch einmal ein Risiko wagt? Der sich gerne in Unvorhergesehenes stürzt? Oder fühlen Sie sich wohler in sicheren Bahnen? Wie planen Sie Ihr Leben? Oder lassen Sie sich lieber treiben? Lässt sich überhaupt alles planen in dieser Welt, die sich so rasch verändert?

Wenn wir auf Lebensläufe schauen, dann sind es oft die Brüche, die ein Leben spannend machen. Das sehen wir auch an den Biographien einiger Ikonen des letzten Jahrhunderts, die uns allen präsent sind.

Traurige Wege zum Erfolg

Tina Turner hat sich mit ihren Songs und ihrer unglaublichen Bühnenpräsenz über Jahrzehnte hinweg Legendenstatus erarbeitet. Öffentlich geworden sind aber nicht nur die temperamentvollen Auftritte und die großen Hits. Öffentlich geworden sind auch die Demütigungen im Leben der Tina Turner. Als Anna Mae Bullock in Brownsville, Tennessee, geboren, wurde sie früh von ihrer Mutter verlassen, die in einer anderen Stadt ein neues Leben beginnen wollte. Drei Jahre später ging auch ihr Vater. Anna Mae wuchs zurückgelassen bei ihren Großeltern und wechselnden Verwandten auf. Ihre Cousine Margaret wurde zu einer wichtigen Bezugsperson, doch sie starb bei einem Autounfall. Welche Spuren hinterlassen solche Erfahrungen?

Bei der Beerdigung ihrer Großmutter Georgie traf Anna Mae schließlich nach vielen Jahren ihre Mutter wieder. Nach einer langen Aussprache zog sie zu ihrer Mutter nach St. Louis. Mit sechzehn begann also wieder ein neues Leben. Zum ersten Mal lebte sie in einer Großstadt. Bis dahin schon ein Leben voller Wendepunkte.

Anna Mae entwickelte bereits als Kind eine große Leidenschaft für die Musik, fand aber lange kein Ventil, diese Leidenschaft auszuleben. Bis sie Ike Turner kennenlernte. Turner war ein talentierter, vielseitiger Musiker, der es schon zu einigem Erfolg gebracht hatte. Eher zufällig begegneten sie sich. Ike erkannte schnell Anna Maes Talent. Endlich konnte sie singen, endlich war da ein Ventil. Und ihre Wut, ihre Leidenschaft und Lebensfreude entluden sich. Abend für Abend. Sie schrie, brüllte, tanzte mit einer Intensität, die begeisterte und – blickt man darauf zurück – teilweise auch beängstigt. Denn wenn wir Archivaufnahmen aus der Zeit sehen, dann fragen wir uns im Nachhinein vielleicht, wie viel von dem Schmerz, den wir in den alten Schwarz-Weiß-Aufnahmen ausmachen, auch körperlich empfunden war. Ja, es ist auch Lebensfreude zu spüren. Aber eben auch noch etwas, das schwer zu greifen ist. Zumindest für Außenstehende.

Menschen, die damals in ihrem Umfeld lebten, wussten mehr. Ike Turner, der Anna Mae den Namen Tina Turner gab und sie heiratete, war ein Getriebener. Selbst von den Dämonen der eigenen Kindheit verfolgt, schlug er Tina, schleifte sie vor den Augen von Freunden und Bandmitgliedern durchs Zimmer, entschuldigte sich bei ihr, beschimpfte sie und schlug sie wieder. Ein sich stetig beschleunigender Kreislauf der Gewalt. Ike Turners Drogenkonsum stieg. Und auch nach außen hin wurde es immer mühsamer, Tinas Verletzungen durch die Gewaltexzesse ihres Mannes zu verbergen.

Warum ging sie nicht? Warum ließ sie sich das alles gefallen, immer und immer wieder? Die Erklärungen deutet sie in ihrem autobiographischen Buch »Ich, Tina« an. Sie, die selbst die Erfahrung gemacht hatte, verlassen zu werden, die selbst wusste, wie schwer der Schmerz des Verlassenwerdens zu bewältigen ist, brachte es nicht fertig, zu gehen. Mit Ike hatte sie Kinder. Konnte sie diesem Leben einfach entfliehen?

Hinzu kam eine aus heutiger Sicht kaum mehr nachzuvollziehende Rollenverteilung in der Ehe. Nur zur Erinnerung: »Vergewaltigung in der Ehe« ist auch in Deutschland erst seit 1997 strafbar. Die Männer führten damals das Regiment, Frauen mussten sich fügen. Das wurde erwartet, auch von Tinas Familie. Für die finanzielle Sicherheit musste man alles andere ertragen, durchstehen, runterspielen. Wie oft hat Tina Turner gemeinsam mit Ike auf der Bühne gestanden, innerlich zerrissen und gedemütigt? Welche Energie hat dies freigesetzt, welche Schmerzen ausgelöst?

Aber Tina ging den Schritt. Irgendwann fand sie den Weg hinaus aus dem Martyrium. Sie emanzipierte sich. Sie trennte sich von Ike. Sie wurde zur alleinerziehenden Mutter. Befreit, erleichtert, doch beruflich schien sie am Ende zu sein. Sie war eine Sängerin, die in den Sechziger- und frühen Siebzigerjahren Erfolg hatte. Aber ihr Mann und musikalischer Mentor war nicht mehr da. Nicht lange nach der Trennung wurde er inhaftiert. Tina galt in den Augen vieler Musikkritiker und Label-Chefs als eine Frau von gestern. Aber in ihr war nach wie vor diese Kraft, die ein Ventil suchte. Sie fand einen neuen Manager, der an sie glaubte, und startete ein Comeback. Nun emanzipierte sie sich auch musikalisch. Der nächste, unglaubliche Wendepunkt. Denn sie wurde erfolgreicher als je zuvor und reifte in den Achtzigerjahren zum Weltstar.

Ist dies nur die Geschichte einer amerikanischen Show-Größe, weit weg von dem Alltag, den Sie als Leserinnen und Leser kennen? Wohl kaum. Denn Tina Turner hat nur im Scheinwerferlicht etwas erlebt, was viele im Verborgenen ertragen mussten. Sich aus familiärer Gewalt zu befreien, ist vielen Frauen nicht gelungen. Aber der Kampf mit eigenen seelischen und körperlichen Verletzungen, der Kampf um Selbstbestimmung und schließlich der erfolgreiche Weg hin zu einem selbstbestimmten Leben – das steht exemplarisch für Wendepunkte, die auch in diesem Buch ihren Ausdruck finden.

Gegen Widerstände

Zweites Beispiel. Muhammad Ali war als Boxer einzigartig, bis heute. Aber zu einer Jahrhundertfigur machten ihn nicht die frühen Jahre, in denen er als Cassius Clay unschlagbar schien und die Gegner in einer bis dahin nicht gesehenen Leichtigkeit und technischen Eleganz dominierte. Es waren die sportlichen und persönlichen Brüche, die Wendepunkte in seinem Leben, die ihn zur Legende machten. Sein Protest gegen den Vietnamkrieg, die Weigerung, in einen ungerechten Krieg zu ziehen, eine mehrjährige Sperre als Boxer auf dem Höhepunkt seiner körperlichen Fähigkeiten. Zum Islam konvertiert kehrte er als Muhammad Ali nach der Sperre, nach Anfeindungen und einem langen Tief zurück und trotzte als erster Boxer in der Geschichte dieses Sports dem bis dahin geltenden Grundsatz »They never come back«. Er kam zurück, wurde wieder Weltmeister aller Klassen, mehrmals. Und auch hier waren es unpopuläre Entscheidungen, Niederlagen, Kämpfe, die zu Wendepunkten wurden.

Sind diese Wendepunkte nur für Prominente reserviert? Nein. Wir alle erleben Wendepunkte. Die einen führen wir bewusst herbei, die anderen kommen über uns und werfen uns in ein neues Leben.

Manche Wendepunkte erinnern an das, was Tina Turner erlebt hat. Wir werden, oft über Jahre, unglücklicher mit uns und der Art, wie wir leben. Aber was muss passieren, damit man die alte Haut abstreift und sich neu erfindet? Was führt dazu, dass eine Frau wie Karolina Leppert, die Sie in unserem Buch kennenlernen, aus einer sehr konservativen Erziehung und Ehe ausbricht und mit über fünfzig Jahren ein neues Leben als Domina beginnt? Was verändert sich, wenn man sich wie Hannah Lietz nach Jahrzehnten, in denen man das Gefühl hatte, im falschen Körper zu leben, zu einer Geschlechtsumwandlung entscheidet?

Und plötzlich ist alles anders

Dabei zielen die letzten Fragen auf bewusst herbeigeführte Wendepunkte. Es gibt auch die anderen. Ich vergesse nie einen Anruf im Jahr 1999. Ich kam aus dem Kino und hörte die Mailbox meines Mobiltelefons ab. Meine Mutter erzählte von einer Untersuchung, der mein Vater sich unterziehen musste, und sie klang dabei noch nicht wirklich besorgt. Bei mir aber schlugen die Nachricht und die wenigen Details ein, und eine Angst stieg auf, die mich in den kommenden Tagen nicht losließ. Leider bestätigten sich meine Befürchtungen. Krebs, wenn auch damals noch im frühen Stadium. Mein Vater hat das erlebt, was sicher auch viele von Ihnen kennen: Jahre, geprägt von vielen Krankenhausaufenthalten, Operationen und Kontrolluntersuchungen. Unzählige Male saßen wir als Familie in den Fluren und Wartezimmern von Kliniken. Wir warteten gemeinsam auf das Ergebnis seiner Kernspinaufnahmen. Dutzende Male, in denen man weiß: Der Arzt kann uns gleich mit einer ernsten Miene begegnen und uns in diplomatischen Worten eröffnen: »Es ist vorbei.«

Immer wieder erlebt man in diesen Jahren viele kraftvolle, fröhliche Momente. Denn auch mit einer Krankheit kann es Lebensqualität und Hoffnung geben. Aber trotzdem wird solch eine Diagnose zum Wendepunkt. Wir schauen uns Fotos, auch von Angehörigen, an, und uns wird bewusst: Diese Unbeschwertheit, diese Leichtigkeit, die ist nicht mehr da. Oder sie kehrt nur sehr, sehr langsam zurück.

Es gibt aber auch Paare, die in Krisenzeiten noch näher zueinanderfinden. Anja Lauckner hat ihren Mann nach langer Krankheit früh verloren. Sie wurde mit 31 Jahren Witwe. Ihr Mann war 36, als er starb. Die Zeit seiner Krankheit war die intensivste und ihrer Einschätzung nach vielleicht sogar die glücklichste ihrer Beziehung. Sie und ihr Sohn gingen gestärkt aus dieser Krisenzeit hervor.

Es kann ein Vorteil sein, sich auf das, was kommen kann, einstellen zu können. Was aber mag in Menschen vorgehen, deren Angehörige aus dem Leben gerissen wurden? Von einer Sekunde auf die andere? Frau Falkenberg, der wir uns in diesem Buch ausführlich widmen, hat bei einem Autounfall die ganze Familie, ihren Mann und ihre Kinder, verloren. Wie kann sie mit diesem Schicksal weiterleben?

Wenn es uns selbst betrifft

Was passiert mit uns, wenn wir selbst eine niederschmetternde Diagnose bekommen? Welchen Weg gehen wir nach einem solchen Wendepunkt? Was hilft uns, solch eine Situation anzunehmen? Was können wir tun, um uns nicht von der Angst beherrschen zu lassen, die in jeden Winkel unseres Alltags hineinkriechen kann?

Unsere Gäste Petra Thomas und Christian Kurmann kennen diese Situation. Herr Kurmann stand vor einer scheinbar aussichtslosen gesundheitlichen Situation. Und hat sich sehr unkonventionell aus ihr befreit. Ja, auch das Ungewöhnliche kann eintreten. Frau Thomas ist Mitte dreißig und lebt mit der Ungewissheit. Oder, so hart es klingt, mit der Wahrscheinlichkeit, dass sie kein hohes Alter erreichen wird. Aber messen wir die Qualität eines Lebens lediglich an seiner Länge?

Nach ihrem *Nachtcafé*-Besuch saß ich noch lange mit ihr zusammen. Wir redeten über ihre Projekte, über das, was sie in Zukunft tun möchte. Und darüber, dass sie keine Zeit verschwenden will für Dinge, die nicht im Kern zu dem gehören, was ihr wichtig ist.

Die meisten von uns träumen von einem langen, ausgefüllten Leben. Aber ist es die Länge des Lebens allein, die entscheidet? Wenn wir einen Kinofilm sehen, messen wir die Qualität dieses Films dann daran, ob der Film 85 oder 220 Minuten lang ist? Kann uns nicht auch ein kürzerer Film bewegen, mitnehmen, rund sein? Und warum soll das nicht auch für ein kürzeres Leben gelten? Aber gleichzeitig ist da auch die Hoffnung, dass es anders kommt. Dass, wie schon oft geschehen, eine neue Therapie zum Erfolg führt. Eine Therapie, die eine Krankheit vielleicht nicht besiegt, aber doch dauerhaft zum Stillstand bringt.

Solche Themen wirken auf den ersten Blick schwer zugänglich. Manche von Ihnen werden sich fragen: Macht mir das alles nicht eher Angst? Sollte ich mich überhaupt damit beschäftigen? Darauf gibt es sicher keine eindeutige Antwort. Aber viele unserer Gäste berichten uns, dass es ihnen geholfen hat, sich offen den Fragen zu stellen. Denn allein durch die Beschäftigung mit ihnen haben sie oft schon etwas von ihrem Schrecken verloren.

Im Fokus der Geschichte

Unser Leben wird aber nicht nur von diesen ganz persönlichen Erfahrungen und Wendepunkten geprägt. Im Jahr 1991 drehte ich einen Film über eine Hausgemeinschaft in Schwarzenberg im Erzgebirge. Kurz nach der Wende waren alle Bewohner der damaligen Walter-Ulbricht-Straße 44 voller Fragen, Zweifel, Unsicherheiten und Träume.

Die Hausgemeinschaft traf sich täglich in einem Aufenthaltsraum im Keller dieses typischen Plattenbaus. Eine Stalin-Statue stand in der Ecke. Es war laut und auf den ersten Blick fröhlich. Da trafen sich Petra, die bald danach ihren Job im Waschgerätewerk verlor. Klaus, der Polizist, der in der neuen Bundesrepublik noch mit den alten Uniformen unterwegs war und große Akzeptanzprobleme hatte. Jürgen, der vor kurzem eine Videothek eröffnet hatte. Ines, die als Anästhesieschwester mit der Region verbunden war, aber auch Reiselust und Aufbruchsstimmung spürte. Sie alle schworen sich, als Gemeinschaft zusammenzubleiben. Jahre später habe ich sie noch einmal besucht und eine Fortsetzung gedreht. Niemand wohnte mehr in dem Haus. Fast alle hatten sich aus den Augen verloren. Es gab Verlierer und Gewinner. Eine Mischung aus Melancholie, Wut und Zufriedenheit.

Was hatte mich an dieser Hausgemeinschaft damals so beschäftigt? Was war so neu für mich? Im Rückblick zum Beispiel die Erkenntnis, dass die Menschen, die sich dort in der Wendezeit im Kellerraum begegneten, üblicherweise nie in einem Haus wohnen. Ein Chirurg, ein erfolgreicher Unternehmer und eine von Arbeitslosigkeit bedrohte Mitarbeiterin eines Waschgerätewerks lebten in der alten Bundesrepublik und leben auch heute in Deutschland in unterschiedlichen Wohnvierteln. Sie treffen sich nicht einfach so. Dabei ist es das, was das *Nachtcafé* und dieses Buch wollen: Menschen und ihre Lebensläufe auf Augenhöhe miteinander verbinden, die sonst oft (allzu) getrennt voneinander leben.

Das Leben in Geschichten

Diese Lebensgeschichten ersetzen nicht die Beschäftigung mit den politischen Zusammenhängen. Aber die Zusammenhänge werden in diesen Geschichten oft plastisch und nachvollziehbarer. Wenn wir heute davon reden, dass unsere Gesellschaft in immer kleinere Gruppen zerfällt, die sich immer mehr um sich selbst drehen und sich immer seltener untereinander austauschen, dann sind Einblicke in das Leben Anderer unserer Meinung nach für den gesellschaftlichen Diskurs elementar.

Was passiert mit jemandem, der nach einem Israel-Besuch nicht mehr loslassen kann von diesem Land und sich für ein neues Leben in einer neuen Religion entscheidet? Wie erleben Menschen die Flucht aus der Heimat, eingepfercht auf Booten, voller Ungewissheit? Wie versuchen sie in Deutschland wieder Boden unter die Füße zu bekommen? Und wie erleben sie die Reaktionen der Menschen in innenpolitisch angespannten Zeiten? Was passiert mit Menschen, die nach beruflichen und privaten Krisen sozial im Abseits stehen und auf der Straße leben? Gibt es für sie einen Wendepunkt zurück in ein erfüllteres Leben?

Es gibt Lebensläufe in diesem Buch, die auch für mich erst einmal schwer zugänglich waren. Sascha Bisley hatte vor seinem *Nachtcafé*-Besuch bereits ein Buch über seine Zeit als Nazi veröffentlicht. Darin schildert er sehr eindrücklich, wie er einen Menschen zu Tode getreten hat. Er berichtet zwar auch über seine Wandlung und sein heutiges Engagement, aber in mir steckte zunächst das Misstrauen: Will er mit seinen (Un-)Taten noch nachträglich Karriere machen? Ist seine Wandlung wirklich glaubwürdig? Wir finden: Ja. Deshalb freuen wir uns, dass auch er mit seinen Wendepunkten Teil dieses Buches ist.

Es ist das Leben in Geschichten, das das *Nachtcafé* und dieses Buch ausmacht. Wir möchten Ihnen Anstöße geben, aber wir sehen auch unsere Grenzen. Ich bin weder Psychologe noch Lebenscoach. Ich möchte Ihnen in diesem Buch so begegnen wie als *Nachtcafé*-Moderator. Also als Journalist, der vor allem Fragen stellt und der, wenn es dem Thema dient, auch persönliche Erfahrungen einbringt. Zur Lebensberatung und Lebenshilfe gibt es Profis. Wie zum Beispiel die Psychologin Angelika Kallwass, die dieses Buch mit ihren Einsichten zum Thema *Wendepunkte* bereichert. Aber vor allem sind unsere *Nachtcafé*-Gäste, die wir in diesem Buch vorstellen, für Sie hoffentlich eine Quelle der Inspiration. Sie alle verbindet die Hoffnung, Ihnen Denkanstöße zu bieten. Deshalb sprechen sie über ihre Erfahrungen.

Wir hoffen, dass die Geschichten unserer Gäste Verständnis für Menschen mit scheinbar unkonventionellen Lebensentwürfen wecken. Für Menschen, die sich in besonderen Situationen neu finden mussten. Und die nach Wendepunkten zu anderen geworden sind. Oder mehr zu sich gefunden haben. Die gelernt haben, mit der Angst zu leben oder aus der Angst herauszufinden.

Wir hoffen, dass Sie als Leser diesen Stimmen und Wendepunkten Ihre Aufmerksamkeit schenken. Und dass einige unserer Gäste Sie so erreichen wie die Frau, die mich im Café angesprochen hat. Denn genau das ist das Anliegen dieses *Nachtcafé*-Buchs.

Vom Ausbrechen und dem Weg zur Selbstbestimmung

Wie stark sind Konventionen? Und wie stark sind sie in uns selbst verankert? Wie klar und festgelegt sind Ihre Vorstellungen davon, wie Partner zusammenleben sollten? Mit welchen Frauen- und Männerbildern sind Sie aufgewachsen?

Beschäftigen wir uns mit einem prominenten Beispiel. Erinnern Sie sich an den Schauspieler Anthony Quinn? In Fellinis »La Strada« brillierte er bereits 1954. Als Alexis Sorbas faszinierte er 1964 eine Generation. Für seine Rollen in den Filmen »Viva Zapata« und »Vincent van Gogh – Ein Leben in Leidenschaft« (in dem er Paul Gauguin verkörperte) erhielt er jeweils einen Oscar.

Alt oder jung?

Als Schauspieler unbestritten eine Größe, erntete er im Alter Unverständnis dafür, dass er, der schon zwölf Kinder hatte, mit achtzig Jahren noch einmal Vater wurde. Und auch dafür, dass er in dritter Ehe mit einer Frau verheiratet war, die ganze 47 Jahre jünger war als er. Wie reagieren Sie spontan, wenn Sie das lesen? Finden Sie es gut oder doch eher unangemessen, dass jemand in diesem Alter mit einer deutlich jüngeren Frau noch einmal Vater wird?

Als ich ihn in Tivoli, achtzig Kilometer von Rom entfernt, traf, war Anthony Quinn 81 Jahre alt. Immer noch drehte er Filme. Außerdem hatte er sich mittlerweile auch einen Namen als anerkannter bildender Künstler erworben, der mit seinen Skulpturen für Aufsehen sorgte. Seine Frau Kathy, damals 35, und seine Tochter Antonia waren bei unserem Treffen ebenfalls mit dabei. Antonia konnte noch nicht sprechen, nahm aber schon rege am Leben teil.

Wir redeten über seine Kunst und über das, was sein Leben damals ausmachte. Eine Woche konnte ich ihn für einen ZDF-Film begleiten. Für eines der Gespräche mit ihm wählten wir einen Olivenhain. Mit seinen verknorzten Bäumen, eigenwillig und individuell über Jahrzehnte gewachsen, erschien uns dieser Ort passend, um mit Anthony Quinn über das Alter zu reden.

Und dieser Ort bewährte sich. Anthony Quinn war von dem Platz inspiriert und redete über seine Vorstellungen vom Alter. Davon, dass unsere Gesellschaft uns Grenzen setzt. »Mit sechzig haben wir uns alt zu fühlen. Und mit siebzig gehen wir ins Krankenhaus und bereiten uns auf den Tod vor. Das ist Blödsinn«, so Quinn damals. Er rebellierte gegen dieses Bild. Er glaubte an Wiedergeburt, an andere Zeitrechnungen. Er hatte eine genaue Vorstellung davon, wann er sterben wollte und wie sein Begräbnis auszusehen habe. Vor allem aber fühlte er sich noch als Vater, der seiner Tochter Antonia etwas geben konnte. Zufällig hatten wir mit dem Olivenhain einen Ort für das Gespräch ausgewählt, den er schon seit Jahrzehnten kannte. Der Hain lag auf einem Hügel, auf den Quinn schon mit seinen Söhnen gestiegen war, jeweils einen unter jedem Arm. Und Quinn sagte, wenn er dazu nicht mehr in der Lage sei, seine Tochter zu tragen und ihr kräftig zur Seite zu stehen, dann wolle er gehen. Und dann könne er ihr auch kein Vater mehr sein. Diese Körperlichkeit gehörte also für ihn unbedingt dazu.

Kurz darauf besuchten wir einen Jahrmarkt. Aber keinen der modernen Art mit in hundert Farben blinkenden Schaubuden. Alles war eher klein und traditionell. Auf diesem Jahrmarkt fuhr seine Tochter das erste Mal in ihrem Leben mit dem Kettenkarussell. Anthony Quinn lief neben ihr her, feuerte sie an. Er lief eine Runde, eine zweite. Und dann stürzte er. Der Länge nach. Seine Hose war am Knie zerrissen, und er blutete leicht. Und das nur ein paar Stunden nachdem er gesagt hatte, er könne kein Vater mehr sein, wenn er seine Tochter nicht mehr tragen und körperlich nicht mehr mithalten könnte. Ich sagte ihm daraufhin, dass er den Sturz wie ein echter Sportler über den ausgestreckten Arm abgefedert habe. Er lachte, und wir redeten nicht weiter darüber. Wenig später gingen wir in ein Theater. Seine kleine Tochter lief auf die Bühne und drehte dort kleine Pirouetten, während wir uns im Zuschauerraum unterhielten. Quinn ging spontan zu ihr, und gemeinsam tanzten sie dort ganz losgelöst. Ein wunderbarer Moment.

Wer richtet?

Ich verstehe diejenigen, die zunächst Schwierigkeiten mit einer Beziehung mit großem Altersunterschied haben. Ich habe vielfach die Meinung gehört, dass es doch unverantwortlich dem Kind gegenüber sei, so spät noch Vater zu werden. Eine durchaus nachvollziehbare Position. Aber wer sind wir, darüber zu richten, ob eine solche Beziehung angemessen ist oder nicht? Kann es uns alle nicht jederzeit aus dem Leben reißen? Anthony Quinn starb fünf Jahre nach unserer Begegnung. Seine Frau Kathy hält mit der »Anthony-Quinn-Foundation« bis heute die Erinnerung an ihn wach und unterstützt junge Menschen dabei, durch Kunst ihren Weg ins Leben zu finden. Ich habe seit den Dreharbeiten damals keinen Kontakt mehr zu ihr und ihrer Tochter Antonia. Aber zu Quinns hundertsten Geburtstag hat Kathy eine Rede gehalten. Antonia war ebenfalls anwesend, heute eine junge Frau. Ich habe mir die Rede online angeschaut. Beide wirkten ganz eins mit sich und der Familie, zu der sie gehören.

Was hat das mit Wendepunkten zu tun? Kathy hat Widerstände gespürt, als sie die Frau von Anthony Quinn wurde. Es gab Misstrauen in Quinns Familie. Aber Kathy hat es überwunden. Allerdings lebte Quinn in einer Welt, in der er sich Freiräume geschaffen hatte. Als ein Künstler in finanzieller Unabhängigkeit. Und doch lässt das, was die beiden erlebt haben, gleich mehrere Fragen aufscheinen, die tief in unserem Thema »Wendepunkte« verwurzelt sind. Welche Vorstellungen haben wir vom Alter? Was sollte »uns da noch erlaubt sein«? Welche Vorstellungen haben wir von Beziehungen? Und welche davon, wie die Rollen von Vater und Mutter aussehen sollen? Und was passiert, wenn wir uns gegen alle Widerstände für einen Weg entscheiden, der uns als der richtige erscheint, obwohl er den Vorstellungen vieler – auch uns nahestehender – Menschen zuwiderläuft? Wann wagen wir diesen Weg auch dann, wenn er einen kompletten Wendepunkt im Leben darstellt?

Für Edouard

Apropos Rollenvorstellungen: Dass wir längst noch nicht bei einer Toleranz aller Lebensformen angekommen sind, zeigte der Besuch von Krzysztof Charamsa im *Nachtcafé*. Als erster Priester im Vatikan outete er sich im Oktober 2015 als homosexuell. Öffentlichkeitswirksam einen Tag vor der Bischofssynode. »Ich bin stolz darauf, homosexuell zu sein« und »dieses Coming-out widme ich der Person, die ich liebe, meinem Edouard«, waren seine Worte bei der weltweit wahrgenommenen Pressekonferenz aus einem römischen Hotel. Ein Schock für den Vatikan. Schließlich war Charamsa nicht irgendwer. Zwölf Jahre war er Angehöriger der römischen Kurie. Sein Auftritt bei uns war ein flammender Appell für die Liebe. Er beschrieb die Zeit im Vatikan und die Zerreißproben, denen er sich immer wieder ausgesetzt hatte. Er schwärmte von seiner Liebe zu Edouard und prangerte die herrschende Doppelmoral an. Solange eine Liebe nicht öffentlich gelebt werde, würde sie in der Kirche allseits toleriert. Sobald man sich aber zu ihr bekenne und sie auch öffentlich zeigen wolle, werde man in der katholischen Kirche ausgegrenzt. Mit diesen Aussagen und der Leidenschaft, die er im *Nachtcafé* zeigte, löste er in der Sendung erwartungsgemäß eine kontroverse Diskussion mit den Vertretern der katholischen Kirche aus.

Was Zukunft hat

Aber zurück zu den Themen, die wir am Beispiel der Quinns aufgeworfen haben. Der Altersunterschied zwischen Anthony Quinn und seiner Frau Kathy betrug, wie schon erwähnt, deutlich über vierzig Jahre. Gerhard Beyl war 39, als er mit der vierzig Jahre älteren Wilhelmine Schaefer zusammenkam. Ein Mann von knapp vierzig Jahren wird der Partner einer Frau von fast achtzig? Wie kann das funktionieren? Und hat die Beziehung eine Zukunft?

Von Gerhard Beyl und Wilhelmine Schaefer werden Sie in diesem Buch erfahren, dass und warum sie eine Zukunft hatte. Wie sie sich kennen und lieben lernten. Und natürlich, auf welche Reaktionen sie trafen, als sie ihre Liebe offenbarten. Die Entscheidung füreinander wurde für beide ein positiver Wendepunkt in ihrem Leben.

Der Auftritt des Paares war einer der Momente im *Nachtcafé*, auf die wir immer wieder angesprochen werden. Als die beiden bei uns in Baden-Baden vorbeischauten, war Gerhard Beyl 61 Jahre alt und Wilhelmine Schaefer 101. Beide waren damals schon über zwanzig Jahre zusammen und nahmen auf einer Art »Loriot-Couch« formvollendet Platz. Und es war unglaublich, wie schlagfertig und humorvoll vor allem die über hundertjährige Wilhelmine Schaefer im *Nachtcafé* auftrat.

Frauenbilder

Karolina Leppert ist heute gut siebzig Jahre jung. Zumindest wirkt sie so, wenn Sie ihr begegnen. Sie wurde konservativ erzogen. Aber was bedeutet das genau, wenn man in den Fünfziger- und Sechzigerjahren aufgewachsen ist?

Die amerikanische Fernsehserie »Mad Men« war in den letzten Jahren sehr populär. Sie zeigte nicht einmal besonders überspitzt das Leben in den westlichen Gesellschaften der Sechzigerjahre. Mit viel Lust am Detail holten die Macher das Zeitgefühl von damals zurück. Auf den ersten Blick fällt auf, wie viel in jenen Jahren noch geraucht wurde. Und wie sorglos die meisten mit der Umwelt umgingen. Was das alles mit Karolina Leppert zu tun hat?

Was in der Serie am deutlichsten ins Auge fällt, sind die klaren Rollenbilder für Mann und Frau. Ich kenne Frauen, die diese im Milieu einer Werbeagentur daherkommende Serie zunächst nur verfolgt haben, um sich seicht unterhalten zu lassen. Doch je dichter die Geschichten sich im Laufe der Staffeln entwickelten, desto düsterer wurde das Gemälde, das vom Frauenbild der Sechziger gezeichnet wurde. Das Klima eines alltäglichen Sexismus wurde plastisch erfahrbar. So wurde die fiktionale TV-Serie »Mad Men« auch zum Augenöffner für jüngere Generationen. Denn die Serie bot neuzeitliche Effi-Briest-Figuren und zeigte, wie eingeschränkt das Leben für Frauen noch vor wenigen Jahrzehnten war. Wir alle wissen, dass wir von der Gleichberechtigung der Geschlechter auf vielen Ebenen immer noch weit entfernt sind. Aber die

US-Produktion machte bewusst, dass die Zeiten absoluter Ungleichheit noch nicht lange zurückliegen – die Zeiten, in denen Karolina Leppert aufgewachsen ist.

Auch in ihrem Leben spiegelt sich Zeitgeschichte. Ihr Vater, der Kriegsheimkehrer, der ihre Mutter verließ. Die Mutter, die für Karolina nie zum Rollenvorbild taugt. Und die trotzdem über Jahrzehnte ihr Leben bestimmt. Ich kann Ihnen nur empfehlen, in Karolina Lepperts Geschichte einzutauchen. Und ich bin gespannt darauf, ob Sie ihre Entscheidung nachvollziehen können, mit gut fünfzig Jahren auszubrechen und einen Schnitt zu wagen. Um schließlich zu der Überzeugung zu kommen: »Ich habe mich noch nie so wenig prostituiert wie in meinem Beruf als Domina.« Was sagt dieser Satz über Anpassungsdruck und Zwänge in unserer Gesellschaft aus? Was genau hat diesen Wendepunkt eingeleitet? Wie hat sich Karolina Lepperts Frauenbild gewandelt? Und wie einengend empfindet sie das Bild, das wir in unserer Gesellschaft vom Leben im Alter zeichnen? Will sie, ähnlich wie Anthony Quinn, trotzig ein neues entwerfen?

Im falschen Körper

Hannah Lietz ist eine attraktive Frau von gut fünfzig Jahren. Zur Welt gekommen ist sie als Klaus Lietz. Und obwohl Hannah schon früh in ihrem Leben als Klaus Lietz ein Bewusstsein erwuchs für eine »weibliche Seite« in ihr, führte sie zunächst ein Leben frei von Auffälligkeiten. Als Klaus Lietz machte sie ihr Abitur, ging zur Bundeswehr, heiratete mit 26 und wurde Vater. Auch beruflich lief es gut. Was führte schließlich dazu, dass Klaus mit seiner alten Identität als Mann brach? Wie war das für seine Exfrau und den gemeinsamen Sohn? Wendepunkte haben Konsequenzen. Sie können befreien, aber sie können auch zum Bruch mit nahestehenden Menschen führen. Wie geht es Hannah Lietz heute?

Wie weiterleben?

Eine noch einmal neue Dimension eröffnet die Geschichte von Daniel Kaltenecker. Jahrelang wurde er genau wie seine Geschwister und sein Vater von seiner Mutter geschlagen und misshandelt. Bis seine Mutter den Vater mit einer Axt erschlug und sich im Gefängnis schließlich selbst das Leben nahm. Das alles ist nur wenige Jahre her. Wie kann man mit einer solchen Geschichte weiterleben? Warum schrieb er nach dem Tod seiner Eltern noch Briefe an sie? Und wie hat er es geschafft, nach tiefen Krisen wieder aufzustehen?

Vier Geschichten, die Wendepunkte beschreiben hin zu einem selbstbestimmten Leben, das sich Karolina Leppert, Hannah Lietz, Daniel Kaltenecker, Gerhard Beyl und Wilhelmine Schaefer aber erst gegen Widerstände erkämpfen mussten.

»Wir freuen uns jeden Tag aufs Neue, dass wir uns haben.«

Ein Paar, das auffällt, ein Paar, das polarisiert. Vierzig Jahre Altersunterschied trennen Wilhelmine Schaefer und Gerhard Beyl. Er ist 63, sie 103 Jahre alt. Doch Liebe kennt kein Alter.

Wilhelmine Schaefer: Meinen ersten Mann lernte ich schon vor dem Abitur kennen. Man kann wirklich sagen, dass es die erste große Liebe war. Er wurde Studiendirektor an einem Gymnasium, und ich blieb zuhause bei den Kindern. Eigentlich war ich nie besonders für den Haushalt geeignet. Ich machte 1933 im Maria-Theresia-Gymnasium in Augsburg das Abitur, war damit eines der ersten Mädchen in Deutschland, und ich wollte viel lieber studieren: Deutsch, Sport und Englisch, und damit fing ich auch an. Aber als ich schwanger wurde, waren die Pläne dahin, und nach dem Krieg gab es dazu sowieso keine Chance mehr. Übrigens hat mich vor einigen Tagen eine Lehrerin meines Maria-Theresia-Gymnasiums in Augsburg angerufen und mir mitgeteilt, dass im Juli 2017 das 125-jährige Bestehen des Gymnasiums gefeiert wird. Ich, Frau Wilhelmine Schaefer (genannt Minni), würde als einzige »Überlebende« des Abiturjahrganges 1933 und 103 Jahre alt im historischen »Goldenen Saal« zu Augsburg als Ehrengast dabei sein. Auch eine Festschrift des 125-jährigen Bestehens des

Augsburger Maria-Theresia-Gymnasiums mit einer Reportage mit Bild von Frau Minni Schaefer werde es geben.

Gerhard Beyl: Ich fühlte mich schon immer eher zu älteren Damen hingezogen. Ich war in meiner Familie das Nesthäkchen, all meine Geschwister – ich habe zwei Schwestern und zwei Brüder – heirateten vor mir, und ich lebte weiter zuhause. Als mein Vater starb, musste ich meiner Mutter unter die Arme greifen und ihr bei den Geschäftsabwicklungen helfen. Dann erlitt sie einen Schlaganfall und kurz darauf noch einen Herzinfarkt. Sie war in der Folge halbseitig gelähmt und schwer pflegebedürftig. Also blieb ich weiter zuhause und kümmerte mich sieben Jahre lang aufopferungsvoll um meine Mutter. In dieser Zeit hatte ich überhaupt keine Ambitionen, eine Beziehung mit einer Frau einzugehen, da ich völlig ausgelastet war.

Als ich 39 Jahre alt war, starb meine Mutter. Daraufhin kümmerte ich mich wieder ein wenig mehr um mein eigenes Leben. Vor allem der Sport hatte es mir angetan, und ich nahm an einem Basketballkurs an der Volkshochschule teil, den der Herr Studiendirektor Karl Schaefer leitete. Einmal schickte mich Herr Schaefer nach Hause in seine Wohnung, weil er die Bälle vergessen hatte und ich sie bei seiner Ehefrau abholen sollte. Da traf ich zum ersten Mal auf Wilhelmine. Und schon bei diesem Treffen verspürte ich ganz deutlich eine starke Zuneigung zu ihr. Ich kann mit Fug und Recht behaupten: Von meiner Seite aus war es Liebe auf den ersten Blick. Ich war bei unserem Kennenlernen 39, sie 79 Jahre alt. Für mich war das aber absolut kein Hemmnis, der Altersunterschied machte mir nichts aus. Frau Schaefer hatte eine besondere Ausstrahlung und war für ihr Alter sehr agil. Ich war gleich vollauf begeistert von ihr.

Sie ist eine starke, kluge Frau, auch dominant – das ist sie heute noch. Sie fragte mich damals gleich, ob ich Tennis spielen könne, worauf ich entgegnete, dass ich mit Tennis nichts am Hut und es noch nie gespielt hätte. Daraufhin sagte sie nur, es sei höchste Zeit, dass ich es einmal lernte und dass ich einige Tennisstunden nehmen solle. Sie beeindruckte mich, und so hörte ich auf sie und nahm tatsächlich Stunden. Als ich spielen konnte, habe ich mich wieder bei ihr gemeldet. Wir trafen uns zum Spielen und verbrachten daraufhin viele schöne Stunden gemeinsam auf dem Tennisplatz. So entwickelte sich schon langsam etwas zwischen uns.

Wilhelmine Schaefer: Von meiner Seite war da zunächst nur ein rein sportliches Interesse an Herrn Beyl, sonst nichts. Als wir anfingen, miteinander Tennis zu spielen, geschah das in vollkommener Unschuld. Ich war Männern und Buben nur zugeneigt, um Sport mit ihnen zu treiben. Aber gut ausgesehen hat er, das war mir gleich aufgefallen. Er war groß und damals noch schlank.

Zwei Jahre nach unserem ersten Treffen starb mein Ehemann an einer Lungenentzündung, und Herr Beyl gab mir in dieser schweren Zeit großen Halt. Ich mochte von Anfang an seine ruhige, gelassene Art. Ja, irgendwie gab es da schon elektrische Wellen zwischen uns.

Gerhard Beyl: Während es bei mir Liebe auf den ersten Blick war, entwickelte sich ihre Zuneigung zu mir erst während unserer Tennisstunden. Wir spielten nach dem Tod ihres Gemahls weiter miteinander, trafen uns immer häufiger und entdeckten nach und nach immer mehr Gemeinsamkeiten. Wir näherten uns langsam an, wurden schließlich ein Paar, und bald schon zog ich zu ihr.

Wilhelmine Schaefer: Der große Altersunterschied war gar kein Hindernis für uns, dieses Thema haben wir einfach durchschritten. Dennoch hat es etwas gedauert, bis ich mich auf Herrn Beyl einlassen konnte, so schnell ging das bei mir nicht. Ich glaubte zwar schon früh daran, dass diese Liebe echt war und dass sie halten würde, aber dann kamen aus unserem Umfeld einige – ich möchte es mal »Sturmmanöver« nennen – auf. Unsere Beziehung wurde leider nicht gerade freundlich begrüßt.

Gerhard Beyl: Meine Geschwister waren der Beziehung zu Frau Schaefer zunächst völlig abgeneigt. Sie konnten mich nicht verstehen und waren der Meinung, ich hätte doch noch andere Möglichkeiten. Sie fragten sich auch, wie hoch wohl die Lebenserwartung meiner Partnerin sei. Das war schon schwierig und hat mich verletzt. Aber letztendlich haben sie es doch akzeptiert und toleriert. Auf Unverständnis stießen wir zunächst auch beim Sohn und der Tochter von Wilhelmine. Ihr Sohn ist 82 und die Tochter 72, beide sind also älter als ich. Inzwischen haben sich die Wogen aber geglättet, sie sind froh, dass ihre Mutter nicht alleine ist. Was sie allerdings hinter vorgehaltener

Hand weiterhin über unsere Beziehung sprechen mögen, das wissen wir natürlich nicht. Insgesamt mussten wir uns einige negative und skeptische Kommentare über unsere Liebe anhören. Zum Beispiel von meinen Sportfreunden, aber die habe ich einfach ignoriert so gut es ging. Manch einer hat vielleicht auch andere Absichten bei mir vermutet. Frau Schaefer ist sehr gut betucht, weil sie die Witwe eines Studiendirektors ist und eine hohe Pension bekommt. Erbschleicherei wurde mir aber nie vorgeworfen, ich habe schließlich selbst ein gutes Gehalt. Trotzdem kann ich es nachvollziehen, wenn einige Menschen unsere Beziehung nicht verstehen oder sich einen solchen Altersunterschied zumindest nicht für die eigene Beziehung vorstellen können. Aber es ist jedem selbst überlassen, wie er es macht. Mein Lebensweg ging eben so. Bei mir besteht gar keine Gefahr, dass ich mich jemals zu blutjungen Frauen hingezogen fühlen würde – so ein junges Ding wäre nichts für mich. Ich habe mich immer schon zu älteren Herrschaften hingezogen gefühlt, auch im Sport und im Beruf. Mit Jüngeren hatte ich noch nie viel am Hut.

Dass die Zeit mit Frau Schaefer ihres Alters wegen von Anfang an »beschränkt« war, hat mir nie etwas ausgemacht. Wir freuen uns einfach jeden Tag aufs Neue, dass wir uns haben. Wie lange es ihr noch gut geht, kann man in diesem Alter nie sicher sagen, aber ich hoffe und bete jeden Tag, dass wir noch einige schöne, gemeinsame Jahre vor uns haben. Nach dem Ableben meiner Partnerin möchte ich nie mehr eine Beziehung mit einer anderen

Dame eingehen. Wilhelmine ist die Liebe meines Lebens. Sie ist hochintelligent, sie gibt mir so viel und sie ist mir immer ein guter, wahrer Freund gewesen. Zu Beginn unserer Beziehung funktionierte auch das Körperliche zwischen uns noch. Und heute schlafen wir noch immer in einem Bett, halten uns aber nur an den Händen und küssen uns. Wir haben so vieles zusammen erlebt. Wir waren beispielsweise in Melbourne bei den Australian Open, weil wir sehr tennisbegeistert sind. Wir haben auch zahlreiche Urlaube zusammen verbracht. Heute ist Wilhelmine nicht mehr so gehfähig, ich habe einen Rollstuhl für sie, und so können wir trotzdem noch viele Ausflüge und Unternehmungen machen. Wir fahren zum Beispiel ins Gebirge oder an den Hopfensee nach Füssen, wo ich sie um den See fahre, wir gut essen gehen und danach in Bad Wörishofen Kaffee trinken. Ich mache all das sehr gerne mit ihr – und für sie.

Wilhelmine Schaefer: Herr Beyl tut wirklich sehr viel für mich. Es macht mir nichts aus, dass wir nicht mehr so viel unternehmen können wie noch in den Anfangsjahren unserer Beziehung. Wir erleben noch immer allerlei schöne Momente miteinander, ich bin vollkommen zufrieden. Wenn ich im Rollstuhl sitze, weil es mit dem Gehen nicht mehr so gut klappt, und ihn jemand fragt: »Na, schiebst du deine Mutter spazieren?« – dann ist mir das völlig egal. Wir wissen, was wir aneinander haben. Wir ergänzen uns und tun uns gegenseitig gut. Wir lieben uns. Was bedeuten da schon ein paar Jahre Altersunterschied? Ich habe meinen Prinzen gefunden, und ich möchte so manch andere trösten, die denken, sie finden keinen Prinzen mehr.

Gerhard Beyl: Frau Schaefer ist und bleibt die einzige Liebe meines Lebens. Tiefe Zuneigung ist die Basis unserer Beziehung, ich verehre sie sehr. Wir haben uns gesehen, gefunden und geliebt. Wir sind jetzt schon seit 26 Jahren zusammen, und unsere Liebe ist auch nach all diesen Jahren so stark wie am ersten Tag.

»Endlich führe ich ein
selbstbestimmtes Leben.«

**Karolina Leppert ist 71 Jahre alt, Mutter, zweifache
Großmutter – und arbeitet u. a. als Domina. Jahr-
zehntelang hatte sie sich den gesellschaftlichen
Zwängen, wie »Frau« zu sein hat, gefügt. Zunächst
als Tochter, dann als Ehefrau. Mit 46 wagte sie den
Ausbruch.**

Schon als Kind spürte ich diese beklemmende Enge in
meinem Leben, die ich als solche damals allerdings nicht
artikulieren konnte. Es war die Nachkriegszeit, meine Familie kam als Flüchtlinge aus Schlesien, landete in Fran-
ken in einem 1000-Seelen-Dorf und wurde nicht besonders geschätzt. Meine Familie, das waren der Opa und die
Oma mütterlicherseits, meine Mutter, später meine jüngere Schwester und – als Gastspiel – der Vater. Die Aussage
meiner Mutter als er aus der Kriegsgefangenschaft zurückkam – »Es kommen immer die Falschen zurück« –,
sagt schon alles über den Zustand einer Ehe, die erst im
Dezember 1944 geschlossen worden war. Meine Mutter
lebte immer mit ihren Eltern in einem Haushalt, war immer Tochter und dementsprechend lebensunerfahren, vor
allem was Männer betraf. Der Vater war alles andere als
ein treusorgender Familienvater. War es der Krieg, der ihn
zu dem machte? Theaterschauspieler, dann Schausteller,

Conférencier (Niveau: Fünf-Uhr-Damentee), Urkunden-fälscher, Betrüger, Bigamist – das typische Kleingauner-tum. Später dann noch Spionage.

Als meine Schwester auf die Welt kam, ließen sie sich scheiden. Mutter sagte immer, sie habe die Initiative er-griffen, erst viel später erfuhr ich, dass er uns einfach schnöde verlassen hat und sie trotz der Schande auch froh war und ihm durch ihren Rechtsanwalt mitteilen ließ, nur wenn er zu uns Kindern keinen Kontakt suchen würde, sehe sie von der Anzeige wegen Nichtzahlung der Alimen-te ab. Damit wollte sie jeden Einfluss seinerseits auf uns Kinder verhindern.

Der Opa starb, als ich drei Jahre alt war. Er war mein Kindermädchen und meine Bezugsperson, Oma schmiss den Haushalt, und meine Mutter arbeitete als Schneider-meisterin. Das Schneiderhandwerk inklusive der Meister-prüfung hatte sie in Breslau in einem Salon der Hautevolee gelernt, ihre Gesellenarbeit bestand aus handgenähter Wäsche für die Kronprinzessin. Das war ihre Welt, und in der lebte sie. Heute weiß ich, dass sie die Qualifikation ei-ner Haute-Couture-Schneiderin hatte, aber sie war keine Geschäftsfrau. Die Sorgfalt, die Details, die unendliche Stunden verschlangen, das alles konnte sie nicht in Rech-nung stellen. Ihr Berufsethos jedoch verbot ihr, an der Qualität Abstriche zu machen. Summa summarum hieß das: Wir waren arm wie die Kirchenmäuse.

Abgesehen von der kleinen Witwenrente der Oma er-wirtschaftete meine Mutter unseren gesamten Lebensunterhalt und sprach auch oft davon, dass sie sich als selbstständige und unabhängige Frau sah. Gleichzeitig vermittelte sie uns Kindern, dass wir doppelt so »sauber« sein mussten, denn bei uns gab es keinen Mann im Haus. Diese Zusammenhänge zu verstehen bedeutet, sich in diese Zeit zu versetzen. Einer geschiedenen Frau wurde grundsätzlich ein Vormund für die Kinder aufgezwungen, das wollte sie unbedingt vermeiden, und so kämpfte sie jahrelang dagegen – mit Erfolg.

Mit dem Weggang des Vaters hatte sich eine große Lücke aufgetan, und sie gab mir das Gefühl, dass wir als Familie deshalb nur noch halb so viel wert waren.

Meine Mutter lebte in ihrer eigenen, abgeschlossenen Welt. Eine Frau hatte eine Dame zu sein, das hieß vor allem, moralisch tadellos zu leben und den Lebenszweck darin zu sehen, sich für den richtigen Mann aufzusparen – für die große Liebe. Sie sagte immer »Lübbe« statt Liebe, und es hörte sich spöttisch und verbittert an. Ich bin mir sicher, dass sie von den Männern, die ihren Weg kreuzten, enttäuscht war und letztendlich durch ihre unglückliche Ehe verbittert wurde. Sie hatte nie wieder eine Beziehung zu einem Mann, nie wieder ein Rendezvous, nie wieder ein Leben als Frau.

Je älter ich wurde, desto komplizierter wurde das Verhältnis zu meiner Mutter und dementsprechend befremdlicher waren ihre Reaktionen. Damals – ab meinem 13. Lebensjahr – nähte ich meine Kleider selber. Manches zerschnitt sie – zu erwachsen, zu aufreizend. Um frei zu entscheiden, welche Kleidung ich trage, dazu müsse ich erst einmal erwachsen werden und – vor allem brauche ich den passenden Mann. Das Zentrum des Daseins war für sie stets der »passende Mann«. Wenn ich fragte: »Wie und was ist denn nun der passende Mann?«, dann kam die Erklärung, später, mit einiger Lebenserfahrung, würde ich das schon merken. Immerhin schälte sich irgendwann die Erkenntnis heraus, der passende Mann stelle etwas dar, besitze eine gute gesellschaftliche Stellung, und seine Ehefrau führe ein großes Haus. Sehr nebulös. Komischerweise fiel mir damals schon eine gewisse Parallele zur Prostitution (von der ich schon wusste, dass es sie gab) auf: Eine junge Frau heiratet tunlichst gesellschaftlich nach oben, sie wertet sich und ihre Familie durch eine »gute Partie« auf. Sie schmeißt sich nicht weg an einen sozial unter dem gefühlten Wert ihrer Familie stehenden Mann. Um ihren Marktwert zu erhöhen, achtet sie auf ihren guten Ruf, geht als Jungfrau und idealerweise unwissend und völlig unerfahren in die Ehe. Sie verkauft sich klug. Sie macht sich selbst zur Ware, ist damit im Reinen und prostituiert sich so auf eine gesellschaftlich anerkannte und erwünschte Weise.

In meinem Umfeld gab es keine einzige Frau, die mir ein Vorbild war. Keine verfügte über einen offenen Geist, keine wagte es, eine eigene Meinung zu haben, geschweige denn auszusprechen. Alle waren sie treusorgende Gattinnen, aber keine einzige konnte mir vermitteln, ein erfülltes Leben zu führen. Damit will ich nicht sagen, dass eine verheiratete Frau kein erfülltes Leben haben kann. Es war wohl diese Aussichtslosigkeit, keine Alternative zu sehen, die so beklemmend über all dem waberte – wie ein grauer, wolkenverhangener, nebeliger Tag. Plattitüden wie: »Das muss mein Mann entscheiden« oder, noch peinlicher: »Das wünscht mein Gatte nicht« oder: »Das mögen Männer nicht«, sind mir gut in Erinnerung geblieben. Einmal fragte ich eine Tante, die auch solche Unsäglichkeiten von sich gab, wer denn nun »die Männer« seien und warum für mich als junge Frau die Meinung fremder Männer wichtig sein solle. Warum richten sich die Frauen nach der Meinung der Männer, aber nicht die Männer nach der Meinung der Frauen? Meine Fragen wurden nicht als Wissensdurst interpretiert, ich war einfach peinlich.

1951 brachte Simone de Beauvoir ihr Buch *Das andere Geschlecht* heraus. Abgesehen davon, dass man mir garantiert verboten hätte, es zu lesen – ich kannte auch keine Frau, die solche Bücher las und darüber sprach. Welch eine Offenbarung wäre es gewesen, es zu lesen und auch noch Menschen zu kennen, mit denen eine Diskussion darüber möglich gewesen wäre. Dieses diffuse Bewusstsein, dass ein Frauenleben einem lebenslangen Gefängnis gleicht, brachte mich völlig durcheinander. Die wenigen Versuche, mit meiner Mutter darüber zu sprechen, steigerten dieses Unbehagen nur. Sie warf mir vor, keine Werte zu achten, alles infrage zu stellen, alles mit Dreck zu beschmeißen, rebellisch zu sein, aber was Wunder, bei dem Vater! Und ich war jedes Mal ein wandelndes schlechtes

Gewissen und voller Schuldgefühle, dass ich den Ansprüchen meiner Mutter nicht genüge und sie auch noch deshalb enttäusche, weil ich die augenscheinlichen Anteile meines Vaters in mir nicht ausmerzen konnte. Viele Jahre später – als sie mir wie so oft vorwarf, ich sei der Abklatsch meines Vaters – sagte ich ihr kalt: »Ist es meine Schuld, dass du dir einen Gauner zum Vater deiner Kinder ausgesucht hast?«

Noch heute, vierzig Jahre später, sehe ich ihr Gesicht vor meinem geistigen Auge, so, als ob es gestern gewesen wäre. Ich konnte Qual darin lesen, Selbstvorwürfe, Hass auf diesen Mann, der sie so gedemütigt hatte, Hass auf sich selbst, dass sie sich blenden ließ, Scham gegenüber ihrer Familie. Und ich war wieder einmal voller Schuldbewusstsein, dass ich mit dem Finger in der Wunde bohrte, wo ich sie doch so liebte und mich verantwortlich für sie fühlte und mich immer um sie sorgte.

Seit dem Tod meines Opas waren wir ein Vier-Mädel-Haus, Oma, Mutter, zwei Töchter. Meine heißgeliebte Oma war, wie man sich eine Oma vorstellt: warmherzig, selbstlos, sich für die Familie aufopfernd. Eine Ausbildung hatte sie nie absolviert, sie war ein uneheliches Kind – ein Bankert, wie man damals verächtlich sagte. Sie wurde als junges Mädchen »großzügig« von einem entfernten Onkel und seiner Frau aufgenommen, zuerst als Gratis-Arbeitskraft in ihrem Tante-Emma-Laden, später wohl geplant als Altenpflegerin. Als sie heiraten wollte, verbot man es ihr, sie hatte dankbar zu sein und eigenen Plänen zu entsagen. Nun, sie löste diese Situation, indem sie geplant schwanger wurde, und die Schande eines ehelichen Kindes war allemal größer als die Enttäuschung.

Diese Schwangerschaft! Oma war 29, Opa 28 Jahre, als sie bewusst ein Kind planten. Beide hatten keinerlei Erfahrungen in Sachen Liebe und Sexualität. Bei ihrer ersten sexuellen Begegnung entstand meine Mutter, und sie war der Überzeugung, weil sie von »reinen« Menschen gezeugt wurde, sei sie etwas ganz Besonderes – was immer sie damit meinte. Diese Geschichte erfuhr ich, als ich sie mit zwanzig Jahren zum Thema Sexualität etwas fragte, und sie wieder einmal maßlos enttäuscht von mir war, denn ihre große Erwartung war, dass ich »rein« in die Ehe ginge.

War ich damals gefühllos und nüchtern und respektlos? Denn als ich die Geschichte ihrer Zeugung erfuhr, stellte ich mir das so vor: ein Mann und eine Frau, beide fast dreißig Jahre alt, beide frustriert und liebesunerfahren – muss das eine Stoppelei gewesen sein! Ich konnte einfach keinen Respekt für diese Glorifizierung der Unerfahrenheit und sogenannten Reinheit aufbringen. Ich passte nicht in diese Zeit und in diese Welt. Und es gab viele Situationen, in denen ich Gefahr lief, dieses Lebensmodell zu schlucken – auf mich hatte es große Wirkung, es war fast wie eine Gehirnwäsche, ständig ermahnt zu werden: Schmeiß dich nicht weg!

Das Perfideste war die Ermahnung: »Ein Mann, der dich liebt, mutet dir gewisse Dinge nicht zu«, womit – ich muss es vermuten – sexuelle Praktiken jenseits von Blümchensex gemeint waren. Aber wenn ich nachfragte, hieß es nur: »Davon verstehst du nichts.« Für die »gewissen Dinge« gab es andere Frauen. Da waren sie wieder, die ominösen, bösen, unanständigen Frauen, die wir alle so brauchten, um unsere eigene Reinheit zu bewahren. Wusste meine Mutter eigentlich, wie viel Verunsicherung sie in mir erzeugte mit dieser Aussage? Leidenschaft und Sinnlichkeit, Experimentierfreude – das alles sollten also Zeugnisse mangelnder Liebe und mangelnden Respekts sein? Manchmal frage ich mich, woher ich die Kraft hatte, mir meine Sinnlichkeit und Unbefangenheit gegenüber Sexualität zu erhalten.

Mein Berufswunsch war das Studium der Paläoanthropologie. Noch heute verschlinge ich alle Bücher, derer ich habhaft werden kann, und sehe mir Sendungen im Fernsehen über dieses Thema an. Aber das war so unrealistisch wie eine Fahrt auf den Mond. Oder eben dann Modeschöpferin (heute sagt man Designerin). Talentiert war ich dazu, aber es bedeutete, weg von Mama, am besten nach Paris oder zumindest Düsseldorf. Aber Mutter war der Überzeugung, wenn ich erst einmal nicht mehr unter ihrer Fuchtel stünde, würde ich in der Gosse landen. Das hörte ich so oft bis ich es selber glaubte.

Oftmals fragte ich mich, warum ich nicht einfach ausgerissen bin. Ich weiß genau warum. Ich fürchtete, die Familie würde mich durch die Polizei ausfindig machen, und dann käme ich in ein Heim – damit wurde mir immer gedroht. Und außerdem war ich einfach nicht in der Lage, meine Mutter so zu enttäuschen. Schließlich war ich schon Enttäuschung genug.

Ich bewarb mich also als Angestellte bei der Sparkasse. Diese Sparkasse befand sich ein Stockwerk unter unserer Wohnung, d.h. morgens eine Treppe hinunter, abends eine hinauf. Kein Schlupfloch für mich, totale Kontrolle. Mir wurde schlecht. Dem Himmel sei Dank, die Sparkasse sagte ab. Der Familienrat tagte, mein Onkel (der jüngere, es gab zwei) entschied, ich würde bei ihm arbeiten, mich nehme sowieso niemand – bei dem Vater!

Auch diese Situation ist mir heute noch präsent – nach 45 Jahren. Noch immer bricht mir der Schweiß aus, meine Hände zittern, und ich spüre meinen Magen. »Freust du dich nicht?«, fragte der Onkel, und ich bemühte mich, glaubwürdig zu versichern: »Ja, ich freue mich, und ich bin dir sehr dankbar.« Diese Gefühle von Ohnmacht, ohnmächtiger Wut, hasserfüllter Wut!

Ich machte also eine Lehre zur Großhandelskauffrau in einer Firma, die mit Architekturbedarf handelte. Nichts war mir gleichgültiger als das Wohlergehen dieser Firma. Immerhin – nach erfolgreicher Gesellenprüfung arbeitete ich dort noch zwei Jahre, dann war ich 21 und damit mündig.

Fünf Mal kündigte ich in diesen zwei Jahren, jedes Mal zerriss der Onkel die Kündigung, und wenn ich abends nach Hause kam, erwartete mich eine in Tränen aufgelöste Mutter, die mir vorwarf, aus Eigensucht die Familie auseinanderzubringen.

In dieser Zeit starb meine Oma, die mit ihrer kargen Witwenrente eine minimale pekuniäre Basis sicherte. Vorher waren wir arm, dann wurde es dramatisch. Ich übernahm diese Basisversorgung, Miete, Strom, Kohlen usw.

Vier Tage vor meinem 21. Geburtstag gab ich in der Firma den Schlüssel ab. Nie wieder – bis zu seinem Tod drei Jahre später – sprach mein Onkel mit mir.

Mit neunzehn Jahren verliebte ich mich, ein Jahr später mussten wir uns verloben, nur, um auch einmal allein sein zu können. Es gab noch den Kuppelparagraphen, und der Druck meiner Mutter war immens. Mein Auserwählter war ein grundanständiger junger Mann. Ich war glücklich, endlich einen Menschen zu haben, der mich verstand, und oft fragte ich mich, wie er das schaffte, mich mit dieser komplizierten Familie auszuhalten. Er stand einfach zu seinem Mädchen. Mutter sagte damals oft: »Na, da hast du ja endlich jemanden, der dir zu Munde redet.« Aus heutiger Sicht waren wir ineinander verknallt wie zwei Kinder mit wenig Lebenserfahrung. Mit 21 Jahren dann die Heirat. Von mir kann ich sagen, dass ich die meisten Jahre unserer Ehe eine glückliche Ehefrau war. Angesichts unserer Verschiedenheit sind 25 gemeinsame Jahre eine richtig gute Leistung.

Wir bekamen eine Tochter, und schrittweise bauten wir uns ein gemeinsames Leben auf. Für mich war ganz klar, ich würde arbeiten, aber niemals wieder und um keinen Preis der Welt würde ich mich hinter den Schreibtisch in einer Firma setzen und mir meinen Lebensrhythmus diktieren lassen. So landete ich im Außendienst bei einer Versicherung.

Meine Schwester heiratete kurze Zeit nach mir, bekam auch eine Tochter und trennte sich von ihrem Ehemann nach fünf Jahren. In dieser Zeit lebte unsere Mutter bei ihr. Dann zogen sie in unsere Nähe, und Mama stand wieder vor der Haustür.

Eigentlich bin ich für das Zusammenleben mehrerer Generationen – vorausgesetzt, jeder kann sein eigenes Leben führen, und es ist ein Miteinander wie in einer WG. Man unterstützt sich und respektiert die anderen in ihrem Sein. So kam Mama wieder zu mir bzw. uns, und leise und schleichend zog wieder die alte deutsche, preußische Ordnung bei uns ein. Zu spät begriff ich, dass es für sie selbstverständlich war, dass ich wieder vor allem Tochter war und ihre Vorstellung von Haushalt und Ordnung leben sollte. Obendrein gab es als Dekoration einen Ehemann. So lebten wir – ohne es zu realisieren – eine typische Dreiecksbeziehung: Immer waren zwei gegen den dritten verbündet. Mal sie und mein Exmann gegen mich (ihre Aussage: »Wieso weiß ich nicht, wo du bist? Was soll ich denn deinem Mann sagen? Du bringst mich in unmögliche Situationen.«), mal sie und ich gegen ihn (»Er soll froh sein, dass er dich hat. Ohne dich wäre er nie so weit gekommen.«), mal mein Exmann und ich gegen sie (er hatte nie die Probleme eines Ehemannes einer berufstätigen Frau, Oma bügelte die Wäsche, stopfte die Löcher in den Socken, alles war picobello).

Es gibt kein richtiges Leben im falschen. Wieder kam das Unbehagen. Und das Gefühl, dankbar sein zu müssen. Aber es nicht sein zu können. Warum nicht?

Jahre später wurde ich krank, sehr krank. Krebs. Dank eines aufmerksamen Arztes kam ich ohne Chemotherapie davon und wurde gesund. Aber der innere Zwiespalt holte mich ein. Ich wollte so gerne im Reinen mit mir sein, aber es ging einfach nicht. So entschied ich mich für eine Therapie.

Mein Mann sagte zu mir: »Menschen, die sich selbst nicht helfen können, haben keine Existenzberechtigung.« Und: »Was soll ich denn noch alles machen, damit du endlich glücklich bist?«

Jung geschlossene Ehen setzen oftmals die Rollenspiele der Eltern fort. Ich wünschte mir, dass wir beide dieses Spiel durchbrechen und uns als Erwachsene neu finden konnten. Aber ich konnte ihn nicht mehr erreichen. Es war ein höllischer Kampf, vor allem mit mir selber. Ich liebte ihn immer noch, aber mir wurde klar, dass ich die falsche Frau für ihn war, und der einzige Grund, dieses Leben weiterzuleben, wäre gewesen, der Angst nachzugeben, mir ein eigenes Leben aufzubauen. Wer sich für das Dableiben entscheidet, entscheidet sich oft nicht für den Partner (obwohl die Gesellschaft dieses Verhalten positiv wertet), sondern man entscheidet sich für eigene Feigheit.

So oft suchte ich Rat bei einer Freundin. Aber auch hier stieß ich auf ganz andere Realitäten. Sie fragte mich: »Hat er eine andere Frau? Schmeißt er das Geld zum Fenster raus, oder schlägt er dich?« Das alles musste ich verneinen. »Dann hast du keine wirklichen Sorgen«, meinte sie. Was gab es da noch zu sagen?

So trennten wir uns nach 25 Jahren.

Meine Möbel stellte ich in einer Scheune unter, meine Kleider verteilte ich bei Freunden. Zuerst einmal musste meine Mutter versorgt werden, die mir in dieser Situation an den Kopf warf: »Kannst du einmal, nur ein einziges Mal, an mich denken?« Es war das Jahr 1991, ein Jahr nach der Wiedervereinigung. Nürnberg war voll. Meine Schwester konnte meine Mutter nicht aufnehmen, mit ihrer geringen Rente war meine Mutter ein Sozialfall. Als ich die entsprechende Behörde um Hilfe bat, erhielt ich die Auskunft, sie könne ja vorübergehend in ein Obdachlosenheim ziehen. Ich sah mich schon mit Mama gemeinsam wegziehen und weiterhin mit ihr zusammenleben, und die Angst schnürte mir die Kehle zu. Also kaufte ich zu einem überhöhten Preis eine kleine Eigentumswohnung.

Es ist ein großer Unterschied, mit zwanzig Jahren von zuhause wegzugehen oder mit 46. Mit meiner neuen Freiheit konnte ich überhaupt nichts anfangen. Ich hatte eine untergemietete Wohnung – Winter in Neukölln, grau, schmutzig –, schlief und weinte wochenlang. Meinen ersten Job fand ich bei einem Rundfunksender und erlebte hautnah, wie er durch Inkompetenz und Größenwahn kaputtging. Eine Versicherung, wieder ein Rundfunksender – wohl fühlte ich mich nirgendwo.

Dann las ich von Hydra, einer Beratungsstelle für Prostituierte in Berlin. Ich suchte den Verein auf mit der Absicht, nun einmal in diese geheimnisvolle Welt hineinzuschnuppern. Aber die Beratung verlief ganz anders, als ich mir das so vorstellte.

»Hast du Schulden?« fragte mich die Beraterin. »Nein.« »Gibt es da einen Mann, der dich dazu zwingt?« »Nein.« »Dann solltest du zuerst eine Therapie machen«.

Die Beraterin hatte sich völlig korrekt verhalten. Eine Einstiegsberatung gab es damals nicht, denn nach der damaligen Gesetzeslage hätte sie als Förderung der Prostitution verstanden werden können. Und das war verboten. Meine Neugier auf dieses verpönte, tabubehaftete Gewerbe war groß. Eine Neugier, die sicher viele Frauen kennen, die meisten trauen sich allerdings nicht, dem nachzugehen. Auch hatte ich keine Ahnung, welche Erfahrungen ich dort machen würde, wollte mir aber unbedingt mein eigenes Bild machen. In dieser Hinsicht war ich schon immer eine Querdenkerin.

Wie kann das sein, dass Frauen in der Prostitutionsbranche verachtet und diskriminiert werden, wo sie doch aus der Geschichte der Zivilisation nicht wegzudenken sind? Wieso stellen wir Denkmäler für Könige auf, die all ihren Reichtum auf riesige Leichenberge aufbauten, indem sie ständig Kriege führten? Der ganze Geschichtsunterricht in der Schule bestand aus Schlachten und Kriegen, Kriege, die oft religiös begründet wurden und doch zum allergrößten Teil aus dem Bedürfnis nach Macht, mehr

Macht, Raffgier und Gewinnsucht geführt wurden? Für mich ist das eine verkehrte Welt.

Ein fester Bestandteil meiner Erziehung war gewesen, dass Männer sich austoben sollten und Mädchen sich für den »Richtigen« aufbewahren müssen. Damals rechnete ich mir aus, wenn es nun ungefähr genauso viele Mädchen wie Jungen gibt, woher kommen dann die Mädchen, mit denen die Jungen sich austoben? Und wenn wir schon Tugendhaftigkeit von jungen Frauen verlangen, warum verachten wir dann die Frauen, mit denen die Männer sich austoben? Wo wir sie doch brauchen!

Als Beobachterin in einem Bordell merkte ich ganz schnell, dass dies nicht meine Welt ist. Vordergründig könnte man sagen, auch hier ist die Frau das Objekt des Mannes. Das denke ich aber nicht. Hier sind die Frauen die Einzigen, die aus dieser Konstellation Gewinn schlagen, indem sie für ihre Dienstleistung Teilhabe an seiner Macht, damit meine ich seine pekuniäre Macht, beanspruchen. Während im privaten Bereich ihre Dienstleistung die vom Gesetz vorgeschriebene eheliche Pflicht ist, deren Erfüllung sie nicht aus ihrer monetären Ohnmacht in einer konservativen Ehe befreit.

So ganz durch Zufall erfuhr ich von der Tätigkeit der Domina, und da machte es Klick. Nicht mehr brav und bescheiden, sondern bestimmt und fordernd sein! Na, das war doch was!

Hydra schickte mich denn auch in verschiedene Studios, zwei dubiose Studios verließ ich schnell freiwillig, aus anderen wurde ich hinausgeworfen, weil ich zu viele kritische Fragen stellte. Zwei Jahre dauerte diese Suche, ich tat alles, um sicher zu sein, weder ins Drogenmilieu noch in kriminelle Kreise zu geraten. Eine Domina erzählte mir, sie höre jetzt auf, sie habe genug Geld gespart für eine Ausbildung als Therapeutin, und ich solle mich doch bei ihrer Chefin vorstellen. Das machte ich dann umgehend und erlebte Frauen, die selbstbestimmt und gesetzeskonform arbeiten. Die Suche hatte sich gelohnt.

Seit ich als Domina arbeite, hat sich mein Leben quantensprungmäßig erweitert, es war ein wirklicher Befreiungsschlag für mich. Hier habe ich das Gefühl, in meiner Welt angekommen zu sein. Für mich war das Gefühl, endlich sein zu können wie ich bin, eine innere Erlösung. Und so seltsam das klingt, ich habe mich in meinem Leben nie so wenig prostituiert wie als Domina. Es gibt so viele Berufe, in denen die Menschen sich verkaufen müssen, ihre Überzeugungen, ihren Glauben.

Zunächst erzählte ich nur meinem damaligen Lebensgefährten davon. (Nein, er war nicht mein Zuhälter. Er hatte selbst eine exponierte Stellung in einem großen Unternehmen.) Meiner Tochter gegenüber schwieg ich erst einmal. Ich wollte in Ruhe meine Erfahrungen sammeln, eine eigene Position finden, mir mein eigenes Bild machen. Allerdings merkte sie relativ schnell, dass Mama etwas verschweigt. Was ich auch ganz wunderbar fand, war es doch ein Zeichen, wie nahe wir uns sind und wie gut wir uns kennen. Als wir dann darüber sprachen, war ihre Reaktion ambivalent. Einerseits signalisierte sie mir, dass sie mich liebte und mir vertraute, andererseits verhehlte sie nicht, dass sie sich Sorgen machte und ihr meine Entscheidung fremd war.

In solchen Situationen registriere ich meine eigene Eitelkeit. Ihre verständnisvolle Reaktion führe ich auch auf meine Erziehung zurück. Für mich ist es das Ziel einer geglückten Erziehung, junge Menschen dazu zu ermuntern, sich die Meinung anderer, nahestehender und wohlmeinender Menschen anzuhören, abzuwägen, sich aber letztendlich eine eigene Meinung zu bilden und dann auch konsequent zu vertreten. Ihre Besorgnis musste ich also aushalten.

Ich liebe meine Arbeit, aber es ist mir wichtig, dass ich nicht abhängig davon bin. Ich will gewappnet sein für die Zeit, in der es nicht mehr stimmig ist für mich. Also arbeitete ich immer nebenbei in anderen Tätigkeitsfeldern, als Permanent-Make-up-Stylistin, Weihnachtsmarktleiterin usw. Das gibt mir das Gefühl, geerdet zu sein und nicht nur das Luxusweibchen zu spielen. Das muss man sich vorstellen: Ich verdiene Geld damit, Männer in ihre Schranken zu weisen, sie müssen sich so verhalten, wie ich das erwarte. Sie sprechen mich mit »Lady« an, küssen meine Hände und Füße, und wenn sie es nicht richtig machen, haben sie sich – wusch – eine Ohrfeige eingefangen.

Zu meinen Dienstleistungen gehören allerdings kein Körperkontakt und kein Sex. Ich bin trotz meiner reifen Jahre eine unheilbare Romantikerin, und ich will Sex nur aus Lust und Gefühl haben und wenn es stimmig für mich ist. Es gab aber schon Momente, in denen ich schwer am Grübeln war. Wenn ein schnuckeliger Dreißigjähriger mich anschmachtet und sagt: »Machen Sie mit mir, was Sie wollen, gnädige Frau.« – Aber es hilft nichts. Wenn ich Sex zu meinem Geschäftsfeld mache, dann sind die Spontaneität und die Freiwilligkeit dahin.

In manchen Augenblicken – wenn es keine private Beziehung gab – stand ich vor dem Spiegel und sprach zu mir selber: »Du arbeitest also als Prostituierte und lebst wie eine Nonne. Ist es das, was du wolltest?« Und dann sah ich Mama hinter mir stehen, die sagte: »Ich wusste, dass du nicht ›so eine‹ bist und dass du dich aufbewahrst.« Das Leben ist ein Cabaret – das ist in solchen Situationen oftmals mein flotter Spruch, um wieder die Leichtigkeit des Seins zu spüren. Privat bin ich glückliche Junggesellin und will es auch bleiben. Es gab einige Beziehungen, aber mit mir im Reinen bin ich erst, seit ich alleine lebe. Und damit meine ich auch: nicht in Wartestellung und auf der Suche nach dem nächsten Mann. Sondern in der Überzeugung, dass ich mit mir alleine, mit der Familie und den Freunden ein rundes, gutes Leben habe. Frauen – auch wenn sie alleine leben – sind oftmals zu sehr darauf fokussiert, sich begehrt zu fühlen. Sie girren wie die Hühner und vergessen die beste Freundin, wenn ein Mann auf ihrer Matte steht. Das halte ich für eine grundsätzlich falsche Lebenseinstellung. Begehrt zu werden ist für Frauen so leicht: ein Paar High Heels, Strümpfe, ein paar Halterchen dazu, enger Rock, bisschen mit dem Hintern wackeln, vielleicht noch einen Schuss Hyaluron in die Lippen, und schon bekommen die Herren Stielaugen. Damit macht Frau sich selber zum Objekt.

Viel wichtiger und erfüllender, aber auch komplizierter ist es doch, selber zu begehren. Wie oft kreuzt ein Mann unseren Weg, begehrenswert an Körper und Geist? Ich für mich habe nicht abgeschlossen mit Liebe und Beziehung, aber meine große Liebe ist die Liebe zum Leben und zu den Menschen, die in meinem Herzen sind. Und die Liebe zur Literatur, zum Wissen, zum klaren Geist, zur Musik, zum Tanz, zur Diskussion, zur Natur – zu diesem einmaligen, überbordenden Leben.

Mit fünfzig habe ich angefangen, als Domina zu arbeiten, und heute, über zwanzig Jahre später, fasziniert mich diese Tätigkeit immer noch. Ich kenne keine Ruhestandsgrenze, solange ich Kunden habe, die sich mir anvertrauen, und solange es für mich stimmt, werde ich weitermachen.

Ich bin glücklich, wenn ich sehe, wie viel sich verändert für Frauen. Habe ich das schon erzählt? In den Modemagazinen in meiner Jugend wurde Mode für die junge Frau präsentiert (sozusagen ab 21 Jahren, davor war man ein Mädchen und hatte vor allem unschuldig und mädchenhaft auszusehen) und dann kam die Mode für die Frau ab dreißig – madamig, bräsig, altbacken. Mir graute, wenn ich das sah. Das erstrebte Leben – ganze neun Jahre. Es ist die pure Freude, heute reife Frauen ab fünfzig zu sehen, die sich um nichts scheren, sich bunt und schrill oder auch einfach elegant kleiden. Und dann wünsche ich ihnen und auch mir, dass nicht nur ihr Erscheinungsbild, sondern auch ihr Geist so offen, konfus, verrückt und unabhängig ist. Frauen werden freier, je älter sie sind. Das ist großartig. Sie befreien sich von dem Wahnsinn, mit zunehmendem Alter hinter dem Ofen zu sitzen und darauf zu warten, dass die Enkelkinder sie besuchen.

Ich lebe heute ein ausgesprochen selbstbestimmtes Leben, aber ich vergesse auch nie die Kämpfe und Schuldgefühle, die damit einhergingen, mir selbst zu erlauben, diesen Weg zu gehen.

Und zum Schluss ein Wort zur Prostitution: Ich kenne viele Frauen, die genauso selbstbestimmt arbeiten und leben wie ich, als Sexworkerin, als Domina oder Sklavia. Selbst wenn die Tätigkeit nicht die erste Wahl war, haben sie genügend Distanz und Klarblick, um sich Alternativen zu schaffen. Aber es gibt auch sehr viele Frauen – und da ist wirklich jede eine zu viel –, die aus patriarchalen Strukturen heraus diese Tätigkeit gezwungenermaßen ausüben und damit völlig überfordert sind. Jedoch müssen wir eines ganz klar sehen: Eine selbstbewusste Frau kann sich helfen, sie kann sich Hilfe suchen. Frauen, die sich nicht oder ganz schlecht helfen können, hatten nie die Chance, Selbstbewusstsein, Stärke und Wehrhaftigkeit zu entwickeln. Und das genau ist der Nährboden für Menschenhandel, kriminelle Strukturen und Abhängigkeiten. Unter anderen Umständen hätten aus ihnen Wissenschaftlerinnen, Managerinnen, Therapeutinnen werden können.

Wie auch immer sie ihr Schicksal gestalten – sie haben unser aller Respekt verdient.

»Ich hätte nicht überlebt, wenn ich noch länger mein wahres Ich verleugnet hätte.«

»Er« war zeitlebens Vorzeige-Mann, Familienvater und erfolgreicher Psychiater. Doch es war ein unglückliches Doppelleben. Mit 47 Jahren fasste Hannah Lietz endlich den Mut, zu sich zu stehen und die männliche Rolle abzulegen.

Ich wuchs in einem rheinländischen Elternhaus mit sehr klassischer Familienkonstellation auf. Ich wohnte unter einem Dach mit meinen Eltern, zwei Schwestern und meiner Großmutter, noch dazu in einer sehr katholischen Gegend. Es war alles sehr dörflich geprägt und eng, die gesamte Atmosphäre war angespannt und depressiv. Emotionen hatten in unserer Familie unter der Decke zu bleiben, über Gefühle sprach man einfach nicht. Dagegen legten meine Eltern großen Wert auf Traditionen und Regeln, Konventionen wurden nicht gebrochen. Insofern wurde ich so richtig klassisch als Junge erzogen. Meine Schwestern halfen meiner Mutter im Haushalt, ich musste mit dem Vater im Garten arbeiten. Seit ich zurückdenken kann, war mir das zuwider. Trotzdem reflektierte ich das als kleines Kind noch nicht wirklich.

Erst im Verlauf der Pubertät wurde mir bewusst, dass etwas nicht stimmte. Denn ich spürte, dass das, was nun mit meinem Körper passierte, wie ich mich entwickelte, nicht zu mir passte. Ich wollte das nicht. Allerdings konnte ich damals noch nicht benennen, was es genau war, es war erst mal nur ein Gefühl. Eines weiß ich aber noch sehr gut: Meine Eltern hatten ein Gesundheitsbuch, darin blätterte ich einmal und stieß auf den Begriff »Zwitter«. Das berührte mich sehr, und mir wurde schnell bewusst, dass es so etwas in der Art auch bei mir sein musste, wofür ich mich sehr schämte. Aber ich hätte damals nie die Worte dafür gefunden. Ich hätte nie sagen können: »Ich bin innerlich ein Mädchen.« In gewisser Weise wirkte meine Pubertät zunächst aber auch befreiend auf mich, weil ich das Glück hatte, eine Gruppe von Freundinnen und Freunden zu haben, die mich sehr trug. Wir nahmen uns Dinge heraus, die ich damals mit Freiheit gleichsetzte: Feiern, Alkohol, auch mal einen Joint rauchen. Dieses Ausbrechen aus der Enge befreite mich so sehr, dass dieses Jungen-Mädchen-Ding eine Zeitlang in den Hintergrund rutschen konnte.

Doch so ging ich weiter meinen Weg als Mann, und der führte mich nach dem Abitur direkt in die Arme der Bundeswehr – ein Abschnitt in meinem Leben, den ich als sehr grausam empfinde, es war die reinste Hölle für mich. Während meiner gesamten Zeit bei der Bundeswehr war ich von einer wahnsinnigen Angst verfolgt, ohne dass ich genauer hätte sagen können, wovor eigentlich – ein unheimlich beherrschendes Gefühl. Ich konnte es in der Kaserne nicht ertragen und zählte die Tage. Damals gab es im Heer nur Männer, ich traf auf keine einzige Frau. Und mit der Art von Männlichkeit, wie sie in der Bundeswehr vorherrschte und dort ständig präsentiert wurde, konnte ich überhaupt nichts anfangen, ich konnte sie bei mir auch nicht finden. Es war schlicht kaum auszuhalten, und da spürte ich ganz deutlich: Das bin ich nicht. Trotzdem hätte ich auch in dieser Phase noch nicht sagen können, dass ich innerlich eine Frau bin. Denn wenn ich in den Spiegel schaute, sah ich, dass ich das nicht war. Ich spürte allerdings sehr deutlich, dass ich auch kein Mann war. Im Rückblick würde ich sagen, es war eine Zeit, in der ich phasenweise sehr mit Depressionen zu kämpfen hatte.

Es folgte die Zeit des Studiums, die mich auf eine ganz andere Art und Weise ablenkte, obwohl mir langsam klarer wurde, warum ich so unglücklich war. Denn inzwischen hatte ich von dem Begriff »Transsexualität« gehört und war mir erstmals sicher, dass ich in meinem Inneren eine Frau war, ich konnte es endlich benennen. Und doch blieb ich zwiegespalten. Ich fühlte mich in meinem eigenen Körper fremd, hatte aber noch immer riesige Angst davor, mir das tatsächlich einzugestehen. Damals betrieb ich ungeheuer exzessiv Leistungssport, schloss mein Medizinstudium ab und zog ganz weit weg nach Süddeutschland. Und hier lernte ich, als ich 26 Jahre alt war, meine erste Frau kennen. Wir trafen uns bei der Arbeit, und sie warb um mich. Ich ging sehr schnell darauf ein, denn ich wollte nach dem Studium unbedingt eine Familie gründen. Es war einfach der gesellschaftliche Druck, den ich verinnerlicht hatte. Ich glaubte: Wenn ich mir eine Familie schaffe, dann wird dieses Gefühl in mir vielleicht einfach verschwinden. Alles sollte ganz »normal« sein. Aus heutiger Sicht ist es für mich nicht mehr fassbar, warum ich so handelte. Aber ich sehnte mich nach nichts mehr als nach Normalität. Und zwar so sehr, dass ich sie erzwingen und meine Gefühle um jeden Preis verdrängen wollte. Das führte dazu, dass wir sehr schnell heirateten und unseren gemeinsamen Sohn Christoph bekamen.

In unserer Familie übernahm ich die klassische Vaterrolle, nicht nur für meinen eigenen Sohn, sondern für insgesamt vier Kinder, denn meine Frau hatte drei Töchter mit in die Ehe gebracht. Ich liebte die Kinder und engagierte mich sehr für sie – und das alles auf dem klassischen väterlichen Weg. Aber ich selbst ging dabei mehr und mehr zugrunde. Ich ging wirklich in der Vaterrolle auf, habe mir das regelrecht zum Projekt gemacht, das ich so gut ausführen wollte wie nur möglich. Aber dabei kam ich nie an den Kern. Eigentlich war ich nur eine Vaterhülle und schaltete mich, mein Inneres, im Laufe der Zeit ab. Ich hatte einfach keine Freude daran, diese Männerklischees zu bedienen: Auf dem Fußballfeld herumzustehen oder mich in die Gartenarbeit zu stürzen, das war alles sehr schmerzhaft für mich. Aber ich lebte diese Rolle mit aller Echtheit, die mir zur Verfügung stand. Ich war der Meinung, ich müsste es der Kinder wegen aushalten.

Dennoch hielt diese Ehe vierzehn Jahre lang. Dann kam es zur Scheidung, die von meiner Frau ausging. Der äußere Grund für unsere Trennung war, dass sie einen anderen Mann kennengelernt hatte, tatsächlich aber war unsere Ehe einfach am Ende. Ich glaube, dass auch meine Exfrau mit unserem Familienleben überfordert war. Es gab keine positiven Gefühle mehr zwischen uns, der Alltag war schrecklich. Schon ungefähr drei Jahre vor der Scheidung war meine heimliche Sehnsucht nach einem anderen Leben immer drängender geworden. Doch mit der Trennung war der ersehnte Befreiungsschlag noch längst nicht erreicht. Da die Kinder, damals achtzehn, siebzehn, fünfzehn und neun Jahre alt, nach der Trennung bei mir blieben, konnte ich den Zeitpunkt unmöglich nutzen, um eine Geschlechtsumwandlung in Betracht zu ziehen, ich hätte das alles auf dem Rücken der Kinder ausgetragen. Ich werde nie vergessen, wie meine Frau mir offenbarte, dass sie einen anderen habe und sich von mir trennen werde. Ich fragte: »Und was ist mit den Kindern?« Da antwortete sie: »Die bleiben bei dir.« Nun war ich also nicht nur Vater, ich war sogar zum alleinerziehenden Vater geworden. Inzwischen lebten wir in Hamburg, und ich arbeitete seit drei Jahren als selbstständiger Psychiater. Ich musste nun meine Praxis umstrukturieren und zerriss mich jeden Tag zwischen Arbeit und Familie. Es war schlichtweg die Hölle, eine unglaubliche Belastung.

Also blieb ich weiterhin Mann und Vater. Wenige Jahre später heiratete ich sogar noch ein zweites Mal. Eigentlich war das Gefühl, eine Frau zu sein, in mir zu diesem Zeitpunkt schon überdeutlich, aber ich wollte es weiter verdrängen. Das war der Höhepunkt des Versuchs, an meiner Männlichkeit festzuhalten. Heute würde ich sagen, dass das vollkommen verrückt war. Wir kannten uns gerade einmal zwei oder drei Monate, als wir heirateten. Allerdings sprach ich mit meiner zweiten Frau offen über meine ambivalenten Gefühle. Ich offenbarte ihr, dass ich mich mit meiner Identität unsicher fühlte, und sie zeigte dafür Verständnis. Ich hatte Hoffnung, doch noch an dem Rest Männlichkeit in mir festhalten zu können, und fühlte mich gleichzeitig in meinen Zweifeln verstanden. Dennoch wurde sehr schnell klar, dass auch diese Beziehung nicht funktionierte, denn wie sich sehr bald herausstellte, war meine zweite Frau unsere Ehe eigentlich aus einem reinen Versorgungswunsch eingegangen. Nach nur einem halben Jahr war auch diese Beziehung beendet, wir ließen uns scheiden. Aber so kurz und verrückt diese Episode auch war, sie war für mich absolut notwendig, denn sie ließ mich endgültig begreifen: Es funktioniert nicht.

Allerdings verlief die Trennung relativ dramatisch, und als alles vorbei war, musste ich mich erst einmal darum kümmern, wieder finanzielle Sicherheit zu gewinnen. Die Mädchen hatten inzwischen zu studieren begonnen und waren ausgezogen, ich konnte also mein Haus verkaufen. Nach dieser Trennung wurde mir schrittweise immer bewusster, dass ich entweder emotional untergehen würde oder endlich etwas verändern musste. Ich weiß noch, dass ich diesen Sommer wie in Trance verbrachte. Ich funktionierte irgendwie, ging meiner Arbeit nach und versorgte meinen Sohn. Aber es ging mir wahnsinnig schlecht. Christoph war vierzehn, als er schließlich zu seiner Mutter zog. Ich befand mich damals an der Grenze zur emotionalen Überforderung.

Im Herbst darauf vertraute ich mich nach langem Ringen endlich einer sehr guten Freundin an. Unsere Freundschaft war von Anfang an von einer großen Offenheit geprägt, wir konnten über alles sprechen. Trotzdem brauchte ich zwei Anläufe: Bei unserem ersten Treffen sprachen wir über alles, über Gott und die Welt, aber nicht über mein eigentliches Problem. Beim zweiten Treffen traute ich mich endlich und erzählte ihr von meinem Geheimnis. Sie schaute mich nur an und sagte: »Wo ist das Problem? Dann fang doch endlich an!« Ich spürte sofort, dass das nicht nur so dahergesagt war, sondern dass sie es wirklich ernst meinte.

Das war eine unglaubliche Befreiung für mich, denn ich bekam von ihr die Bestätigung, die ich mir so sehr gewünscht hatte. Um endlich den großen Schritt zu wagen, hatte ich einfach einen vertrauten Menschen gebraucht, der mir sagt, dass es in Ordnung ist. Meine Entscheidung war nun getroffen, und plötzlich ging alles ganz schnell. Ich suchte mir am Hamburger Universitätsklinikum einen Arzt, der mich betreute. Nachdem er die Indikation geschrieben hatte, begann ich direkt mit einer Hormontherapie. Dann ließ ich mir auch recht bald bei einem Schönheitschirurgen die Nase verändern und ein Facelifting machen, alles im Sinne einer Feminisierung.

Ab Weihnachten lebte ich privat schon vollständig als Frau. Es war allerdings klar, dass die Umstellung meiner Praxis erst erfolgen konnte, wenn auch das Rechtliche geregelt war. Vorher war es nicht möglich, sozusagen den Praxisstempel zu ändern. Da das gerichtliche Verfahren aber einige Zeit in Anspruch nahm, konnte die Praxis erst ein Jahr später umgestellt werden. Diese Interimszeit forderte von mir unglaublich große Anstrengungen. Morgens ging ich als Klaus Lietz aus dem Haus, abends war ich nach dem Schließen der Praxis Hannah. Nach einem halben Jahr spürte ich, dass ich dieses Doppelleben nicht länger aushalten würde. Ich sprach mit der kassenärztlichen Vereinigung und erreichte tatsächlich, dass ich die Praxis sofort ändern konnte. So musste auf einmal alles sehr schnell gehen. Eigentlich hatte ich mir vorgenommen, die Patienten nach und nach zu informieren, aber das war nun kaum noch möglich. Also schloss ich freitags die Praxis als Klaus Lietz und eröffnete sie montags mit neuem Schild als Hannah Lietz. Meine Arzthelferinnen kündigten den Patienten an, dass Herr Lietz jetzt Frau Lietz sei und ich ihnen alles weitere persönlich erklären würde. Ich war besorgt, wie meine Patienten das Ganze aufnehmen würden. Umso faszinierender war es für mich, dass die Leute gar nicht geschockt reagierten, sondern unglaublich interessiert. Ich war äußerst gerührt. Alles verlief sehr warmherzig und positiv. Heutzutage wird viel über Toleranz oder Intoleranz in unserer Gesellschaft berichtet, und ich kann glücklicherweise sagen: Intoleranz habe ich nicht erlebt.

Wenn Patienten nicht mehr zu mir kommen wollten, dann sagten sie Dinge wie: »Ich bekomme das persönlich nicht hin.« Oder: »Ich kann es mit meinem Glauben nicht vereinbaren.« Aber das war vielleicht eine Handvoll. Bis heute sagen mir sogar immer mal wieder Patienten, ich sei ein Vorbild für sie, was den Mut betreffe. Diese Erfahrung prägte mich sehr.

Sieben Operationen liegen inzwischen hinter mir, darunter ein Brustaufbau und eine Haartransplantation. Mein letzter Eingriff war die geschlechtsangleichende Operation, eine wirklich schmerzliche und intensive Achterbahnfahrt, denn der Eingriff führt zu einer sehr drastischen Veränderung des Körpers. Es kam zu einer deutlichen Hormonumstellung, ich hatte heftige Gefühlsschwankungen, und die OP zog einen großen Blutverlust und Entzündungen nach sich. Lange war für mich gar nicht klar gewesen, ob ich mich überhaupt geschlechtsangleichend operieren lassen wollte. Daran hing mein Frausein nicht. Irgendwann aber merkte ich, dass ich es gerne machen wollte.

Mit meiner Entscheidung, als Frau zu leben, hat meine Exfrau große Schwierigkeiten, bis heute verweigert sie jeden Kontakt. Ich habe sie mehrmals angeschrieben und um ein Gespräch gebeten, weil ich ihr meinen Weg erklären wollte. Aber eine Antwort darauf habe ich nie bekommen. Auch meine ältere Schwester und meine Mutter reagierten sofort sehr negativ. Sie machten mir Vorwürfe, weil ich nicht zuerst mit ihnen gesprochen hatte. Das war schon bizarr. Meine jüngere Schwester reagierte zunächst sehr offen, was sich aber leider wandelte und in der Aussage endete, sie wolle ihren Bruder zurück. Heute muss ich sagen, dass meine Schwestern mir und sich nie die Chance gegeben haben, ihre Schwester kennenzulernen. Ich glaube, ich bedrohe etwas in ihnen, anders ist es nicht erklärbar. Die Ablehnung meiner Mutter kann ich besser akzeptieren. Was sie angeht, spüre ich keinen Gram mehr in mir, eher so etwas wie Traurigkeit. Bei meinen Schwestern hingegen ist es Fassungslosigkeit.

Das sind keine schönen Erfahrungen. Ich habe einen hohen Preis bezahlt, aber es war es auf jeden Fall wert. Das Verhalten meiner Familie macht mich natürlich traurig, aber das ist eben so. Das Leben, wie es sich jetzt anfühlt, und wie ich mich in meinem Körper fühle, ist so unfassbar positiv, dass das Negative dagegen komplett verschwindet.

Für meinen Sohn war all das nicht einfach. Nachdem ich mich bei meiner Freundin geoutet hatte, unterstützte sie mich schon zwei Wochen später bei einem Gespräch mit Christoph. Das war zwar sehr früh, aber es war auch gut so. Er nahm es erst einmal sehr cool auf, zumindest wirkte er so, aber ich bin sicher, dass nicht alles so cool für ihn war. Denn er erlebte mich noch in jener Zeit, in der ich als Mann zur Arbeit ging und abends als Hannah vor dem Fernseher saß. Jungs in der Pubertät reden nicht viel über ihre Gefühle, mein Sohn bildete da keine Ausnahme, aber ich fragte mich oft, was er wohl über mich dachte.

In der Anfangszeit hielt ich mich bei allem sehr zurück, was seine Schule betraf, und wir fuhren auch nicht gemeinsam zum Einkaufen. Ich dachte mir, dass es für ihn schon in unserer Wohnung schwer genug war mit mir auszukommen, und ich wollte ihn nicht überfordern. Irgendwann aber fing er von selbst an und sagte: »Ach, ich fahre mit einkaufen.« Da merkte ich, dass es für ihn okay geworden war. Und ich glaube, er findet mich als Frau auch ganz ansehnlich. So blöd das klingen mag, aber das spielt doch eine große Rolle. Jedenfalls fand er es irgendwie cool, dass seine Zweitmutter so hübsch aussah und entsprechend Anerkennung bekam. Wenn wir dann aber zusammen zwischen den Supermarktregalen herumliefen, konnte es schon vorkommen, dass er quer durch den Laden rief: »Papa, komm mal!« Das war in dem Punkt unproblematisch. Ich glaube, für meinen Sohn bin ich noch immer ein Stück weit Papa, das ist aber auch in Ordnung. Er erlebte mich vierzehn Jahre lang als Vater, und ich füllte diese Rolle ja viele Jahre lang für ihn aus.

Wenn man ihn direkt fragen würde, hätte er vermutlich Schwierigkeiten damit, mich klar zu benennen. Er hat verschiedene Namen für mich, manchmal nennt er mich Hannah, im öffentlichen Raum sagt er oft »meine Mutter«. »Papa« kommt eigentlich fast nicht mehr vor. Natürlich haben wir auch mal Auseinandersetzungen, aber er liebt mich wahnsinnig und ich ihn. Von ihm zu verlangen, das in eine Form zu pressen, wäre ein großer Fehler, auch wenn wir Menschen dazu neigen, dass alles seine ganz bestimmte Ordnung haben muss. Ich hatte immer gesagt, dass ich keine zweite Mama werden wollte. Vom Empfinden her wurde ich es aber doch, ohne dass ich etwas dagegen tun konnte. Ich kann gar nicht mehr der Vater sein, das kann ich nicht mehr so empfinden. Meinen Sohn und mich verbindet aber bis heute doch ein sehr »männliches« Hobby: große Leidenschaft für schnelle und teure Autos. Ich habe seit jeher schöne Wagen gefahren, und wir leihen uns immer mal wieder zusammen tolle Autos aus. Das sind gemeinsame Erlebnisse, die uns verbinden. Ich glaube, das ist etwas, was seine männliche Ebene anspricht, für mich ist das aber völlig unproblematisch.

Was Partnerschaften angeht, ist es für mich noch kompliziert. Am Anfang ging es mir noch häufig so, dass ich Männer erst einmal gar nicht so attraktiv fand. Ein Freund erklärte mir dann: »Je mehr Frau du lebst, desto weniger Frau brauchst du.« Und so wurde es tatsächlich. Ich lebe heute klassisch heterosexuell und habe mittlerweile auch einen relativ festgefügten Typ Mann, den ich mag. Nur auf den Richtigen warte ich noch …

Es war die Entscheidung meines Lebens, die Transition zu beginnen. Irgendwann war es allerdings keine freiwillige Entscheidung mehr. Ohne zu dramatisch klingen zu wollen: Es ging um Leben und Tod. Mir war klar, dass ich es nicht überleben würde, wenn ich nicht bald etwas täte, weil das Leben für mich so sinnlos geworden war. Trotzdem bereue ich es nicht, den Schritt nicht schon früher getan zu haben. Aufgrund meiner Lebensumstände hätte ich es keine Minute früher geschafft. Ich habe niemals mit dem Zeitpunkt gehadert, sondern mich immer nur gefreut, dass ich den Schritt letztlich gewagt habe. Heute bin ich endlich ich selbst, und ich bin glücklich.

»Ich konnte meiner Mutter verzeihen.«

Seit der heute 31-jährige Daniel Kaltenecker sich erinnern kann, wurden er, sein Vater und seine Geschwister von seiner Mutter tyrannisiert und misshandelt. Als Daniel 23 Jahre alt war, erschlug seine Mutter seinen Vater mit einem Beil.

Lange Zeit habe ich alles verdrängt, ich war außerstande, auch nur eine einzige Kindheitserinnerung abzurufen. Und es hat bis heute gedauert, dass in mir auch wieder schöne Erinnerungen hochkommen können.

Meine früheste schöne Erinnerung sieht so aus: Ich bin acht oder neun Jahre alt. Wir machen gerade Urlaub auf einem Bauernhof, und meine beiden Geschwister und ich wachen im Heu auf. Das ist meine früheste schöne Erinnerung.

Die erste Erfahrung mit Gewalt hatte ich schon früher gemacht, da war ich fünfeinhalb Jahre alt. Ich war zuhause, musste aufs Klo, hatte aber Angst, dorthin zu gehen, weil sich unsere Toiletten draußen befanden. Da habe ich einfach an ein Bäumchen gepieselt. Aber der Nachbar erwischte mich und zog mich an den Ohren hin zu meiner Mutter. Ich dachte nur: Na, gleich wird sie mich beschützen. Doch kaum hatte der Nachbar die Tür hinter sich geschlossen, da passierte etwas, das ich nicht erwartet hatte. Meine Mutter nahm sozusagen ihre Maske ab. Sie ging in die Küche, holte einen gusseisernen Schöpflöffel und schlug mich grün und blau.

Ich hatte damals schon bemerkt, dass meine Mutter meinen Vater immer wieder schlug. Man hörte die Schreie. Und man kam gar nicht darum herum zu bemerken, wie der Vater am nächsten Tag aussah. Als normal hatte ich das nie wahrgenommen. Aber anfangs hielt sich alles noch in einem gewissen Rahmen. Meine Geschwister und ich wurden vielleicht nur ein oder zwei Mal in der Woche verprügelt. Wir hatten eine kleine Wohnung, da geht man ganz anders miteinander um, man wächst ganz anders zusammen. Das sollte sich jedoch ändern. Als ich etwa elf oder zwölf Jahre alt war, zogen wir in eine größere Wohnung, in der es schon vermehrt zu Schlägen kam. Und als wir schließlich in ein eigenes Haus gezogen waren, ging die Post so richtig ab.

Meine Mutter war mit ihrem Leben unzufrieden. Als Gärtner konnte mein Vater ihr nicht viel bieten, aber sie wollte mehr. Sie putzte bei vermögenden Menschen in deren luxuriösen Häusern, und am liebsten wollte sie genauso leben wie die. Später nahm mein Vater dann sogar einen Kredit auf, nur um ihr das Traumhaus zu ermöglichen, das sie sich wünschte. Aber die finanzielle Last führte zu immer mehr Streitigkeiten und zur Gewalt durch meine Mutter.

Familie ist eigentlich etwas sehr Schönes. Man kann hier so sein, wie man ist, findet Geborgenheit und Rückhalt. Ich kenne aber leider auch die andere Seite der Medaille. Das, was man sieht, ist oft nicht das, was in der

Familie wirklich vor sich geht. Von vielen unserer Bekannten höre ich, dass sie sehr viel Respekt vor meiner Mutter gehabt hatten, was hingegen bei uns Kindern vorherrschte, war die pure Angst. Wir waren nicht gerne zuhause. Mit der Zeit entwickelte jeder von uns eine Art Selbstschutz. Immer wenn wir nach Hause kamen, war es das Allererste, die Situation schnell einzuschätzen. Wir versuchten, uns zu verstecken, wollten uns einsperren, aber meine Mutter war wie eine Furie. Sie war richtig hart drauf. Sicher, man darf nicht alles schlechtreden, das habe ich mit der Zeit lernen müssen. Sie konnte auch eine liebevolle Mutter sein, sehr hingebungsvoll, und manchmal hat sie wie eine Löwin für uns gekämpft. Aber sie hatte auch die andere Seite, und die überwog. Sie verprügelte meinen Vater und uns Kinder mit allem, was ihr in die Hände fiel, egal ob Kerzenständer oder Staubsaugerrohr. Einmal verletzte sie mich sogar mit einem Küchenmesser.

Meine Geschwister und ich hielten zusammen. Meine Schwester ist drei, mein Bruder fünf Jahre jünger als ich. Hin und wieder kam es vor, dass ich Freunde mit nach Hause brachte, aber meistens schaute ich nur, dass ich weit weg von zuhause war, und das machten meine Geschwister genauso. Wann immer wir durften, besuchten wir Freunde. Denn überall war es besser als zuhause. Sport stand bei uns dreien sehr im Mittelpunkt. Eigentlich trieben wir fast immer Sport, von Montag bis Sonntag, denn Sport bedeutete für uns Freiheit. Wir machten zusammen Taekwondo, mein Bruder spielte Fußball bis in die A-Jugend, meine Schwester und ich auch. Und wir betrieben alle Leichtathletik. Egal, was man an Sport machen konnte, wir haben es gemacht – einfach, um nicht zuhause sein zu müssen.

Das Verhältnis meiner Eltern untereinander war immer sehr angespannt. Aufgrund einer Hirnhautentzündung hatte mein Vater eine leichte Behinderung. Wenn man sich unterhält, artikuliert man etwas und erhält ein Feedback. Bei meinem Vater war es aber so, dass er mitten im Satz vergaß, was sein Gegenüber ihm gerade erzählt hatte. Dadurch kam es sehr häufig zu Spannungen zwischen ihm und meiner Mutter, und mein Vater bekam eigentlich immer am meisten ab. Auch wenn er sich schützend vor uns stellte. Man kann nicht behaupten, dass ich ein gutes Verhältnis zu meinem Vater hatte, man kann aber auch nicht sagen es war schlecht. Er hat meine Mutter einfach irgendwie total geliebt. Egal, was für ein Monster sie war, er hat sie über alles geliebt. Und das konnten wir Kinder nicht verstehen. Das war auch ein Grund, warum wir uns nach und nach von ihm entfernt haben.

Wie kann man als Kind auf die Gewalt reagieren? Man hat kaum eine Chance, angemessen damit umzugehen. Ich bin meine Mutter nie angegangen, während meine Schwester einmal derart zurückschlug, dass meiner Mutter das Trommelfell platzte. Und mein Bruder schubste meine Mutter einfach weg. Aber mir war es ab einem gewissen Zeitpunkt egal, ich ließ es einfach über mich ergehen. Denn irgendwann spürt man es nicht mehr. Es gab aber auch Tage, an denen ich mir dachte: »Jetzt legst du einfach deine ganze Kraft in einen Schlag und zeigst es ihr.« Als ich dreizehn oder vierzehn Jahre alt war, machte ich einen ganz schönen Schub nach oben. Als meine Mutter mir eine schmieren wollte und wieder kurz davor war loszuprügeln, griff ich einfach ihre Hand und sagte: »Hey, das willst du nicht. Wenn du das machst, dann erlebst du mich ganz anders, dann bin ich nicht mehr der brave Daniel.« Da traute sie sich dann nicht mehr.

Niemand hat mitbekommen, was bei uns zuhause passierte. Uns wurde ständig eingeimpft: »Wenn du etwas erzählst, dann setzt es Schläge. Das geht niemanden etwas an, das bleibt in der Familie.« Nur zweimal hatten wir die Gelegenheit genutzt, uns jemandem anzuvertrauen: Das eine Mal war ich beim Jugendamt und erzählte dort, ich würde zuhause geschlagen und brauchte Hilfe. Aber unsere Familie war in einer Laufgruppe, in der auch Leute vom Jugendamt mitmachten. Als die daraufhin meine Mutter anriefen, war klar, dass nichts passieren würde. Ein anderes Mal vertraute sich meine Schwester ihrer Lehrerin an. Aber anstatt das Jugendamt oder die Polizei einzuschalten, kontaktierte auch die Lehrerin meine Mutter. Wir haben also versucht auszubrechen, sind damit aber kläglich gescheitert. Meine Mutter konnte ihr Bild der guten Mutter nach außen hin immer aufrechterhalten. Sie stritt einfach alles ab, und man glaubte ihr statt uns Kindern. Wenn ich heute die Möglichkeit hätte, gegen das Jugendamt und gegen diese Lehrerin vorzugehen, ich würde es tun. Aber anderseits: Was bringt es mir? Das ist nur Stress und nimmt mir Lebensqualität. Die leben sowieso schon mit dem Wissen, dass sie versagt haben. Ich bin ihnen nicht mehr böse. Ich bin enttäuscht von den Leuten, enttäuscht von den Behörden, aber wir haben es auch ohne deren Hilfe geschafft, da rauszukommen.

Mit zwanzig bin ich von zuhause ausgezogen. Ich hatte damals eine Freundin, die mir wirklich guttat. Was ich an ihr bewunderte, war, dass sie immer sagte, was sie dachte. Als sie deswegen einmal mit meiner Mutter aneinandergeriet, warf meine Mutter sie raus. Da sagte ich: »Ich gehe auch.« Zwei Wochen lang wohnte ich bei meiner Freundin und ihren Eltern, dann suchte ich mir eine eigene Wohnung. Von dem Tag an hat meine Mutter im Grunde nicht mehr mit mir geredet. Ein Jahr lang herrschte völlige Funkstille, dann haben wir uns noch einmal kurz versöhnt. Als es aber wieder einmal einen Streit mit meinem Dad gab und ich nicht auf ihrer Seite war, sondern meinen Vater unterstützte, behandelte sie mich von dem Zeitpunkt an wie Luft. Aber das war in Ordnung für mich.

Meine Schwester und ich waren zusammen ausgezogen, mein Bruder wohnte noch als einziger zuhause. Das hat ihn sehr geprägt. Nach wie vor war meine Mutter gewalttätig. Meinen Vater haben wir auch noch ab und zu gesehen. Aber irgendwann muss man lernen, Abstand zu gewinnen. Ich bin ein Mensch – das habe ich wohl meiner Mutter zu verdanken –, der seine Gefühle abschalten kann. Ich glaube, das kam von den Prügeln und von den

Schlägen, die ich aushalten musste. Irgendwann lässt man es einfach über sich ergehen. Irgendwann konnte ich die Gefühle einfach abstellen. Wenn mir irgendetwas nicht gut tat, sagte ich: »Gefühle aus, eiskalt sein.« Das musste ich auch, das war Selbstschutz.

Ich war 23 Jahre alt, saß in der Berufsschule und hatte gerade Stundenwechsel. Da rief plötzlich meine Cousine an und sagte: »Daniel, du musst sofort nach Hause kommen.« Völlig überrumpelt fragte ich: »Was ist denn los? Ich kann nicht einfach gehen, ich bin in der Berufsschule.« Sie sagte: »Es geht nicht anders, du musst sofort nach Hause kommen.« Ich gab im Sekretariat Bescheid und fuhr sofort los. Als ich ins Haus kam, stand auf einmal die ganze Familie um mich herum. Ich fühlte mich wie im falschen Film und sagte: »Erzählt mir endlich, was los ist. Ich muss in die Schule, habe Schulaufgaben. Das ist wichtiger als der ganze Dreck hier.« Und dann sagten sie: »Dein Vater ist tot.« Meine Geschwister und ich, wir wussten sofort: Mama war's! Sie war in der Nacht, als mein Vater schlief, in den Garten gegangen, hatte das Beil hinter der Regentonne hervorgeholt und hatte damit meinem Vater dreimal auf den Hinterkopf geschlagen. Er ist aber nicht an den Axthieben gestorben, sondern ist erst zweieinhalb Stunden später am eigenen Blut erstickt ...

In diesem Moment fühlte ich nur noch Hass. Ich konnte es nicht begreifen, konnte überhaupt nicht damit umgehen. Meine Mutter war verhaftet worden. Sie selbst hatte nach ihrer Tat die Polizei angerufen, um sich zu stellen.

Meine Mutter war ein Mensch, der zumindest zu den Fehlern, die er begangen hatte, stand. Ich glaube, das war auch der Grund, warum sie sich sechs Monate später, kurz vor ihrer Verurteilung, das Leben nahm. Sie erhängte sich in ihrer Zelle. Als ich von ihrem Tod erfuhr, war ich, ehrlich gesagt, erleichtert. Wäre es zur Verhandlung gekommen, wären auch all ihre anderen Taten ans Licht gekommen, die ganze Gewalt in unserer Familie. Und jeder hätte plötzlich gewusst, dass sie nicht der Mensch war, für den sie sich vor Nachbarn und Bekannten ausgegeben hatte. Mit ihrem Selbstmord hat sie uns allen den Gerichtstermin erspart. Uns, dass wir uns nicht weiter mit ihren Taten belasten mussten und sich selbst, dass sie sich nicht weiter outen musste.

Später habe ich die Tagebücher meiner Mutter gelesen – das war nicht gerade die beste Idee. Aber ich wollte mich dem stellen, auch wenn es noch so schwer war. In den Tagebüchern war unter anderem zu lesen, dass sie schon einmal versucht hatte, meinen Vater mit der Axt umzubringen. Das hat mir viel Lebensfreude genommen. Ich habe viel, viel geweint. Damit konnte ich gar nicht umgehen. Schließlich habe ich die Tagebücher verbrannt.

Die Wege von meinen Geschwistern und mir trennten sich daraufhin. Wir hielten zwar weiter Kontakt, aber jeder musste jetzt sein eigenes Leben leben. Ich kapselte mich sehr von meiner Familie ab, brauchte das aber auch, denn ich fühlte mich wie eine tickende Zeitbombe. Zuerst ging ich nach Österreich, um dort zu arbeiten. Dann kam ich zurück und arbeitete in Deutschland in der Hotellerie. Ich stürzte mich regelrecht in die Arbeit. Ich wollte mich ablenken und alles vergessen, aber meine Vergangenheit holte mich trotzdem immer wieder ein. Wenn ich schlief, träumte ich immer wieder von der Tat, ich sah meine Mutter vor mir, wie sie auf meinen Vater einschlug. Und die Träume waren so realitätsnah, dass ich tagelang versuchte, wach zu bleiben. So rutschte ich in die Drogenszene ab, trank viel Alkohol, nahm Pillen und konsumierte Marihuana und Kokain. Aber was ich auch zu mir nahm: Die Gefühle und Erinnerungen ließen sich nicht betäuben. Zwei Mal habe ich versucht, mich umzubringen, aber es hat nicht funktioniert. Erst habe ich es mit Tabletten versucht, die aber nicht wirkten. Dann wollte ich mich erhängen, aber das Seil riss. Ich habe mich entsetzlich geärgert und gedacht: »Nicht einmal das funktioniert.« Ich war so verzweifelt, nicht sterben zu können.

Vor vier Jahren dann der erste Schritt zur Besserung. Von einem Tag auf den anderen habe ich mit den Drogen aufgehört. Ich hatte gemerkt, dass ich mich wahnsinnig verändert hatte. An Silvester sagte ich zu mir: »Du hast jetzt noch ein Päckchen Kokain, das knallst du dir rein, aber morgen, wenn es weg ist, ist Schluss damit!« Und das habe ich bis heute durchgezogen. Aber das war nur der Anfang. Zwar war ich nun clean, aber damit waren meine Probleme noch längst nicht gelöst. Im Gegenteil, die Erinnerungen, die Emotionen, die Depressionen – alles traf mich nun mit noch größerer Wucht. Ein Jahr später erlitt ich einen Nervenzusammenbruch. Es hatte mich voll zerlegt. Da wurde mir klar, dass ich so nicht weitermachen konnte und mir Hilfe suchen musste. Dabei war meine Freundin mein Fels in der Brandung. Sie ist Sozialpädagogin, ihr kann man nichts vormachen. Sie packt das Problem an der Wurzel, und das war genau das, was ich damals brauchte. Nun ging ich endlich zu einem Psychiater. Hier lernte ich, dass ich auch mal Schwäche zeigen darf. Früher hatte ich immer stark sein müssen, Schwäche galt bei meiner Mutter als No-Go.

Ich kam daraufhin in eine Tagesklinik, was für mich der beste Schritt war. Denn dort musste ich mich intensiv mit meiner Gefühlswelt auseinandersetzen und konnte endlich alles verarbeiten. Ich spürte unfassbar viel Hass in mir. So kannte ich mich gar nicht, ich bin eigentlich ein herzensguter Mensch. In dieser Zeit schrieb ich zahllose Briefe an meine Eltern, ging sogar an ihre Gräber und las ihnen daraus vor. Ich schrieb meiner Mutter, wie enttäuscht ich von ihr bin und dass ich sie dafür hasse, dass sie mir meinen Dad genommen hat. Aber ich schrieb ihr auch, dass sie trotz allem meine Mutter ist, dass ich sie über alles liebe und vermisse ... In einer Zeremonie für mich selbst habe ich schließlich diese Briefe auf meinem Balkon angezündet und verbrannt. Seither trage ich keinen Hass mehr in mir, ich konnte meiner Mutter verzeihen. Das habe ich ihr am Grab gesagt. Ich glaube sogar, dass meine Mutter und mein Vater nun zusammen da oben sind, dass sie wieder zueinandergefunden haben.

Es war ein langer Leidensweg, eine sehr harte Zeit. Aber mittlerweile, wenn ich das von außen betrachte, kann ich sagen: Meine Kindheit war meine Ausbildungsstätte, und das, was passiert ist, war die Abschlussprüfung. Und die habe ich bestanden. Man hat nur zwei Möglichkeiten: Entweder man steckt den Kopf in den Sand und bemitleidet sich selbst. Das Leben zieht dann an einem vorbei und man geht daran zugrunde. Oder man kämpft, lernt, mit dem Vergangenen umzugehen, und macht das Beste daraus. Es hat mich zu dem Menschen gemacht, der ich jetzt bin, und ich fahre ganz gut damit. Ich bin immer noch beim Psychiater, ich nehme auch immer noch Antidepressiva. Die Dosis wurde nach oben geschraubt, und seitdem fühle ich mich richtig gut. Ich kann mich wieder konzentrieren, habe wieder Lebensmut, freue mich, Freunde zu treffen und rauszukommen. Und ich kann trotz allem heute wieder lachen.

Allerdings möchte ich selbst keine Kinder haben. Ich liebe Kinder, spiele wahnsinnig gerne mit der Nichte meiner Freundin. Aber ich habe Angst, dass ich so bin wie meine Mutter, dass ich dieses kleine Etwas an Aggressivität habe. Ich bin sehr ruhig, aber ich weiß, dass ich auch diese andere Seite in mir habe, diese Wut, diese Aggressivität. Die habe ich weggesperrt. Aber ich habe Angst, dass sie einmal zum Vorschein kommen könnte. Und ich könnte es mir niemals verzeihen, wenn ich auf meine Kinder losgehen würde. Das würde mir mein Herz brechen, und deswegen sage ich lieber, ich will keine Kinder. Zumindest jetzt noch nicht.

Von Krankheit, Abschied und Lebensmut

Die Geschichten von Hannah Lietz, Karolina Leppert, Daniel Kaltenecker und Wilhelmine Schaefer und Gerhard Beyl klingen auf den ersten Blick spektakulär und außergewöhnlich. Nicht jeder von Ihnen fühlt sich schließlich im falschen Körper, und nicht jede Frau verspürt plötzlich den Reiz, als Domina zu arbeiten. Nicht jeder lebt in einer Familie, in der Misshandlung auf der Tagesordnung steht, und nicht jeder liebt einen Partner mit vier Jahrzehnten Altersunterschied. Aber haben Sie sich nicht auch schon einmal gefragt, ob Sie mit sich und Ihrem Leben im Reinen sind? Ob Sie sich von Konventionen erdrückt fühlen? Auf der anderen Seite geben solche Konventionen auch Sicherheit. Angelika Kallwass geht in ihrem Beitrag noch vertiefend auf diese Fragen ein.

Wir sollten außerdem nicht vergessen, dass es viele Menschen gibt, die nicht die Kraft haben, Wendepunkte herbeizuführen. Die sich und ihr Schicksal nicht so resolut in die Hand nehmen können wie Hannah Lietz und Karolina Leppert. Die nach dramatischen Erlebnissen nicht wie Daniel Kaltenecker zurück in ein erträgliches Leben finden. Viele müssen tagtäglich um ihre Existenz kämpfen. Sie sind froh, wenn sie ein Dach über dem Kopf haben. Andere sind ausgemergelt, nach Schicksalsschlägen oder körperlichen Rückschlägen gesundheitlich am Ende.

Dass die Gesundheit unser höchstes Gut ist, machen wir uns in unserem Alltag nicht immer bewusst. Und doch wissen wir es. Warum sonst wünschen wir uns zu jedem Geburtstag vor allem Gesundheit? Die meisten von uns fürchten sich vor dem Moment, an dem wir durch eine bedrohliche Diagnose aus dem Alltag gerissen werden. Oder an dem wir plötzlich wertvolle Menschen verlieren. Wir fürchten uns vor den Wendepunkten, die keine neue Erfüllung versprechen, sondern uns das nehmen, was uns lieb ist. Wir fürchten uns vor dem Moment, an dem plötzlich alles anders ist.

Geburtstag

Immer wenn ich Geburtstag habe, denke ich an Markus Commercon. Er war einer der Menschen, die mich in meinem privaten und beruflichen Leben am meisten beeindruckt haben. Als ich ihn das erste Mal traf, war Markus Mitte dreißig, sehr humorvoll, zielstrebig und an AIDS erkrankt.

Ursprünglich war er Bäcker, erfolgreich und beliebt. Dann kam der Wendepunkt. Mit der Krankheit erlebte er Ausgrenzung und Diskriminierung. In der ZDF-Sendung *Doppelpunkt* haben wir uns kennengelernt. Anschließend drehte ich einen Film über ihn. »Für mich soll's rote Rosen regnen«. Das gleichnamige Lied von Hildegard Knef gehörte zu seinen Lieblingssongs und war eine trotzige

Botschaft an alle, die AIDS-Kranke ausgrenzen wollten. Nein, AIDS gehöre ins Leben, so seine Botschaft. Und zwar mitten hinein.

Deshalb ging er in die Medien, machte eine Tour durch viele TV-Sender, bei der ich ihn begleitete. Das war das eine, das öffentliche Gesicht des Markus Commercon. Aber es gab auch den zweifelnden, niedergeschlagenen Markus, der nach einem wieder einmal deprimierenden Arztbesuch kurzfristig die Hoffnung verlor. Aber immer wieder fand er zurück zu Tatkraft und neuen Zielen. Mit einem unbändigen Willen, sein Leben weiter selbst zu gestalten. Egal, wie es um ihn stand: Für ihn sollte es rote Rosen regnen. Warum denke ich an jedem meiner Geburtstage an ihn?

Es war Silvester. Einer der letzten Drehtage mit Markus. Er feierte Silvester im privaten Rahmen mit Freunden. Um Mitternacht wurde mit Sekt angestoßen. ABBAs »Happy New Year« beschallte laut das Wohnzimmer seiner Wohnung. Einige Minuten später fragte ich ihn, was er sich für das neue Jahr wünsche. Er dachte kurz nach und sagte: »Dass ich meinen Geburtstag noch erlebe.«

Markus Commercon hat es geschafft. Er hat seinen nächsten Geburtstag noch erlebt. Aber den übernächsten nicht mehr. Und trotzdem bleibt sein Blick in mir haften. Die Begeisterung und Sehnsucht, mit der er formulierte, dass er seinen nächsten Geburtstag noch einmal feiern will.

Wie oft hören wir Menschen vor Geburtstagen stöhnen: »Oh nein, schon wieder werde ich ein Jahr älter.« Auch ich kenne wie viele von Ihnen, liebe Leserinnen und Leser, die manchmal nervenden Begleitumstände des Älterwerdens. Aber immer wieder rufe ich mir ins Gedächtnis: Wie gerne wäre Markus Commercon älter, zumindest vierzig, geworden!

Diagnose – und dann?

Aber dieser 35-Jährige, der als AIDS-Kranker die Medien aufgemischt und vor Hunderten von Menschen gesprochen hat, wirft noch weitere Fragen auf, mit denen wir uns in diesem Buch beschäftigen wollen. Wie kann man Kraft finden weiterzumachen, wenn wir im Arztzimmer sitzen und der Mann oder die Frau in Weiß uns eröffnet, dass wir keine lange Lebensperspektive mehr haben? Wie begegnen wir innerlich dieser Nachricht, wenn sie uns wie bei Markus Commercon, aber auch wie bei Petra Thomas, die Sie in diesem Buch kennenlernen, bereits mit Anfang dreißig ereilt? Woraus schöpfen wir Kraft und Hoffnung? Wer fängt uns auf, wenn es uns nicht gutgeht? Oder müssen viel eher die Angehörigen aufgefangen werden? Viel zu selten wird wahrgenommen, dass eine solche Diagnose die ganze Familie durchschüttelt. Deshalb ist jede nachhaltige Initiative zu unterstützen, die sich auch der Angehörigen in solch einer schwierigen Lage annimmt.

Welche Phasen durchlaufen wir nach einer derartigen Diagnose? Die Reaktionen auf den Diagnosemoment fallen sehr unterschiedlich aus. Bei manchen Menschen sickert die Nachricht erst langsam in das Bewusstsein ein. Andere verlieren sofort den Boden unter den Füßen. Ein tiefes, dunkles Loch tut sich auf. Wieder andere – und das habe ich vor allem bei Leuten erlebt, die es gewohnt waren, ihr Leben straff zu organisieren – sehen das Ganze als ein Projekt, das mit guter Organisation doch zu bewältigen sein müsste. Die richtigen Ärzte, die richtige Therapie, die modernsten Medikamente, ein ausgewogener Lebensstil – damit müsste es eigentlich zu schaffen sein. Sie stürzen sich in Aktivität, bleiben die Handelnden, was ja erst einmal auch gut ist. Was aber, wenn sich herausstellt, dass die Krankheit eben doch kein Kurzzeitprojekt ist? Wenn es Rückschläge gibt? Momente, in denen sie die Kraft verlieren?

Der Alltag ändert sich nach einem solchen Wendepunkt scheinbar komplett. Und doch sind es die bekannten Alltäglichkeiten, die in dieser Zeit so wichtig sein können. Sich weiter mit dem erkrankten Vater über Fußball austauschen und wichtige Spiele zusammen schauen. Wenn wir für eine Mannschaft fiebern und fachsimpeln, sind die Krankenhausflure weit, weit weg. Und das ist gut so.

Ich habe auch erlebt, dass Menschen mit einer lebensbedrohlichen Diagnose beginnen, sehr bewusst zu entscheiden, mit wem sie Zeit verbringen. Das kann Freunde und Bekannte verletzen. Manchen kranken Menschen tut es gut, wenn Freunde und Bekannte auch emotional ihr Mitgefühl zeigen. Manchmal ist es aber gerade die gutmeinende, mitfühlende Haltung von Bekannten, die Sterbenden nicht guttut. Wenn sie dann entscheiden, den Kontakt zu reduzieren, ist dies keine Absage an die Freundschaft. Wir sollten dann nicht das in Frage stellen, was war. Es ist einfach eine bewusste Entscheidung für die letzten Meter eines Weges.

Die Verantwortung der Ärzte

Ich würde mir wünschen, dass mehr Ärzten bewusst wäre, welche Verantwortung sie in diesen Situationen tragen, die zu Wendepunkten werden. Ärzte sollten mehr sein als Diagnosen stellende Fachkräfte. Der Umgang mit Patienten in diesen Krisensituationen ist oft skandalös. Im *Nachtcafé* haben viele Gäste darüber berichtet, wie unverantwortlich unsensibel Ärzte zum Teil den Patienten die Nachricht einer lebensbedrohlichen Diagnose überbringen. Bei allem Verständnis für Überlastung und menschliche Überforderung: Es sollte zu einer Grundqualifikation von Medizinern gehören, auch mit zwischenmenschlicher Kompetenz auf Patienten zugehen zu können. Ansonsten – so hart das klingt – sollten sie nicht auf Patienten losgelassen werden.

Wenn Menschen plötzlich ernsthaft krank sind, ist das ein Wendepunkt, der als solcher wahrgenommen werden muss. Mit der Krankheit sollten sie aber nicht ihre Würde und Mündigkeit verlieren. Es gibt Krankenhäuser, da werden Patienten zu Untersuchungen gekarrt. Sechs, sieben Betten stehen dann vor dem Untersuchungszimmer. Jeder

Patient hat seine Patientenmappe auf der Bettdecke. Und dann warten sie dort im Flur, manchmal stundenlang. Überforderte Pflegerinnen und Pfleger, die wegen Personalmangels zu viel in zu kurzer Zeit leisten müssen, fragen die Patienten, wenn sie Rückfragen zu ihren Patientenmappen haben. Doch die Patienten verstehen sie oft nicht, können die Fragen aus fehlender Kompetenz nicht beantworten oder sind zu schwach. Die Ungeduld des Personals, die Hilflosigkeit der Patienten: Es gibt unwürdige Situationen, in denen die Väter und Mütter, die über Jahrzehnte Verantwortung getragen haben für ihr Leben, plötzlich zu hilflosen Geschöpfen in weißen Nachthemden reduziert werden, die einfach nicht mehr für voll genommen werden.

Es gibt auch andere Beispiele. Ärzte, die zu Begleitern der Patienten werden. Die sie Kraft ihrer Erfahrung, ihres Mitgefühls und ihrer Menschlichkeit auffangen. Gerade diese Ärzte klagen darüber, dass es aufgrund der Strukturen unseres Gesundheitssystems für sie immer schwieriger wird, ausführliche Patientengespräche zu führen. Alles, auch das Gesundheitswesen, wird auf Effektivität und Gewinnmaximierung getrimmt. Aber wenn sich für Patienten und ihre Angehörigen plötzlich alles ändert, dann sind Mediziner Weichensteller. Sie können die Weiche in eine Richtung stellen, die einen offenen und gleichzeitig positiven Umgang mit dem neuen Leben befördert. Aber sie können die Weiche auch so stellen, dass der Zug in Richtung Angst, Panik oder Resignation fährt.

Kein normiertes Sterben

Müssen wir Krankheit immer mit Leiden verbinden? Natürlich gibt es viele Fälle, in denen Schmerzen keine Lebensqualität mehr zulassen. Aber es gibt auch viele, die trotz endlicher Perspektive kraftvoll und – dieses Wort fällt in diesem Buch häufiger – selbstbestimmt weiterleben. Ich habe Menschen kennengelernt, die auch in der letzten Lebensphase im Hospiz nie ihre Würde und Selbstbestimmung verloren haben. Die bis zuletzt Wünsche äußerten und ihr Schicksal annahmen. Wenn es nicht mehr möglich war, Flüssigkeit zu sich zu nehmen, dann konnten sie ihre Lieblingsgetränke als Eiswürfel im Mund bewegen und so ihren Lieblingsgeschmack genießen. In einem Hospiz kann es durchaus noch Lachen und fröhliche Momente geben. Manche Menschen können noch ihr Bett verlassen und sich im Garten an der Natur erfreuen. Solange sie noch sprechen können, gibt es die Möglichkeit, sich von Freunden und Familienangehörigen zu verabschieden. Auch ein Hospiz muss kein dunkler Ort, kein Platz des Schreckens sein. Die Menschen, die dort arbeiten, leisten Großartiges. Sie sorgen dafür, dass wir zum Ende des Lebens nicht abgestellt, sondern weiterhin als Individuum gesehen und behandelt werden.

Noch einmal, damit wir uns nicht missverstehen: Es gibt auch die Schicksale, in denen das Leben nur noch eine Qual ist. Im *Nachtcafé* haben Angehörige eindringlich beschrieben, warum ihre Ehepartner oder Eltern um Sterbehilfe gebeten, ja gefleht haben. Und was es für Angehörige bedeutet, diesem Wunsch des geliebten Menschen zu folgen und sich dafür einzusetzen.

Wenn es um Wendepunkte bezogen auf Krankheit und Verlust geht, dann sollten wir uns nur frei machen von der einen Vorstellung, wie ein Sterbeprozess gestaltet werden kann. Es gibt heute viele Wege. Und in vielen, aber nicht in allen Fällen auch Möglichkeiten, bis zuletzt Lebensqualität zu erhalten. Markus Commercon hat sich Erwartungen widersetzt. Er hat sich nicht zurückgezogen, sondern ist nach außen gegangen. Er war nicht leise und von der Krankheit gebeugt, sondern laut, fordernd und appellierend. Auch Christian Kurmann, den Sie in unserem Buch kennenlernen, ist nach seiner Tumordiagnose nicht dem vorgezeichneten, schulmedizinischen Weg gefolgt. Dies will er und wollen wir nicht als Empfehlung für andere verstanden wissen. Aber es zeigt die Vielfalt an möglichen Lebenswegen, auch nach einer zunächst niederschmetternden Diagnose.

Plötzlicher Verlust

Wahrscheinlich haben auch Sie schon einmal in ihrem Leben einen geliebten Menschen verloren. Mit dem Verlust geht jeder anders um. Manche arbeiten weiter und stürzen sich in den Alltag. Andere nehmen sich eine Auszeit. Für mich ist mein Elternhaus der Ort, wo ich auch zehn Jahre nach ihrem Tod meinen Eltern am nächsten bin. Welche Erinnerungen bewahren wir? Können wir uns von Gegenständen trennen, die wir mit diesen Menschen verbinden?

Es wird uns nicht leicht gemacht zu trauern. Unmittelbar nach dem Tod eines geliebten Menschen, wenn man Zeit bräuchte, um sich zu sammeln, werden wir gefordert und müssen erst einmal vieles regeln. Die Beerdigung organisieren, Verträge auflösen, das Erbe ablehnen oder annehmen. Es kommt so viel auf die Hinterbliebenen zu, dass oft gar keine Zeit zum Luftholen bleibt. Irgendwann ist das erledigt. Und irgendwann gibt es dann kein Weglaufen mehr.

Viele von Ihnen werden diese Momente kennen. Irgendwann muss man sich den Kleiderschränken, den Büchern, den alltäglichen Gegenständen widmen, die zu den Verstorbenen gehörten. Es ist oft sehr schmerzhaft, Gegenstand für Gegenstand in die Hand zu nehmen und zu entscheiden: Was behalte ich und was nicht? Erinnerungen werden aufgewühlt. Aber es führt auch dazu, dass wir in Gedanken noch einmal ganz bei den Verstorbenen sind. Manchen fällt es über Jahre hinweg schwer, sich dem zu stellen. Gerade Eltern, die ihre Kinder verloren, haben uns berichtet, dass sie die Kinderzimmer unberührt in ihrem Haus belassen. Als Vater möchte ich mir diese Situation gar nicht vorstellen und kann gleichzeitig nachvollziehen, dass es unendlich schwer sein muss, das Kinderzimmer anzurühren. Aber kann es der richtige Weg sein, Museumszimmer zu erhalten und täglich daran erinnert zu werden, welcher Verlust das Leben getroffen hat? Hier stoße ich als Journalist an meine Grenzen. Angelika Kallwass wird sich aus professioneller psychologischer

Perspektive mit dieser Frage beschäftigen und kann Ihnen Denkanstöße bieten.

Vier Menschen, vier Wege

Nun werden sich einige fragen: Warum soll ich mich mit solchen Fragen und Themen beschäftigen? Bereiten sie mir am Ende nicht nur Angst? Wir wollen Ihnen keine Angst machen. Im Gegenteil. Die Geschichten, die Sie gleich lesen, sind kraftvoll. Christian Kurmann hat sich nach einer Tumordiagnose jedem schulmedizinischen Rat widersetzt. Dieser Wendepunkt in seinem Leben führte ihn ins Kloster und zu einer neuen Sicht auf sich selbst. Ob ihn das gesund gemacht hat, wissen wir nicht. Tatsache ist: Er ist derzeit gegen jede ärztliche Prognose wieder tumorfrei. Was hat sich in ihm abgespielt in dieser Zeit? Was ist seine persönliche Kraftquelle? Und kehrt manchmal die Angst zurück?

Petra Thomas hat geheiratet. Aber zwei Wochen nach der Hochzeit folgte der Albtraum. Die Diagnose: Krebs im fortgeschrittenen Stadium. Mit Mitte dreißig weiß sie nicht, wie lange sie noch zu leben hat. Was gibt ihr die Kraft, ihr Leben zu meistern? Was bedeutet die Situation für ihren Mann? Welche Rolle spielt das Engagement für Ziele, für die es sich zu kämpfen lohnt?

Anja Lauckner hat nach der Krebsdiagnose ihres Mannes alle Phasen durchlebt, von denen Angehörige immer wieder berichten. Die Hoffnung, die Rückschläge, die Krisen in der Partnerschaft. Und die Erfahrung, an eigene

Grenzen zu kommen. Aber sie sagt im Nachhinein, dass die Zeit der Krankheit die beste Zeit ihrer Beziehung gewesen sei. Und dass sie ihren Mann da erst richtig lieben gelernt hat. Wie kann das sein? Was passiert in einer Familie, wenn man sich gemeinsam auf das Ende vorbereiten muss? Auch ihr Sohn, der gerade eingeschult wurde als sein Vater starb, denkt gerne an die letzten gemeinsamen Erlebnisse mit seinem Vater zurück. Anja Lauckner wirkte stark, kraftvoll, beinahe fröhlich, als sie über ihre Erfahrungen im *Nachtcafé* sprach. Woher kommt die Kraft?

Und Sie lernen Constanze Falkenberg kennen. Bei einem Autounfall verlor sie ihren Mann und ihre drei Kinder. Sie selbst war auch im Auto und überlebte als einzige. Können wir auch nur im Ansatz nachvollziehen, was das bedeutet? Frau Falkenberg ist ein weiteres Beispiel für eine sehr positive Trauerbewältigung. Viele Zuschauer waren davon beeindruckt, wie gefestigt und mit sich im Reinen sie im *Nachtcafé* über diesen Wendepunkt in ihrem Leben sprach. Alles war plötzlich anders. Und doch wollte sie, dass es weitergeht. Aber wie?

Was im Leben wirklich zählt

Letztendlich läuft es auch in dieser Situation natürlich auf die Frage hinaus, was uns Halt gibt im Leben. An welchen Werten orientieren wir uns? Was macht für uns ein erfülltes Leben aus? Der Philosoph Wilhelm Schmid hat als Gast im *Nachtcafé* schon oft darauf hingewiesen, dass es nicht das Glück ist, nach dem wir nachhaltig streben sollten. Glück ist flüchtig, nur in Momenten präsent. Was er anregt, ist die Suche nach einem ausgefüllten Leben. Und das beinhaltet auch unglückliche Momente. Glückserlebnisse sind ja nur in Abgrenzung zu den nicht so glücklichen Phasen tief erlebbar. Wir alle werden im Leben, je älter desto häufiger, mit dem Verlust geliebter Menschen umgehen müssen. Wir alle kommen irgendwann an den Punkt zu erkennen, dass auch die uns verbleibenden Jahre weniger werden. Die Angst vor dieser Erkenntnis trifft alle Altersgruppen. Viele junge Menschen beschäftigen sich damit und gehen keinesfalls selbstverständlich davon aus, dass diese Themen noch weit entfernt sind. Ich habe keine für alle geltende Antwort darauf, wie wir zu einer Lebenseinstellung kommen, die uns ein ausgefülltes Leben ermöglicht. Aber ich bin überzeugt davon, dass Ihnen Constanze Falkenberg, Anja Lauckner, Christian Kurmann und Petra Thomas mit ihren Wendepunkt-Erfahrungen genau zu dieser Frage Denkanstöße geben.

»Ich spürte einfach, dass ich einen anderen Weg gehen muss.«

Mit Anfang fünfzig lebt Christian Kurmann ein bodenständiges, bewusstes Leben und ist mit sich im Reinen. Früher war der Schweizer Hotelmanager und ging für den Erfolg jahrzehntelang an seine Grenzen. Bis ihn ein lebensbedrohlicher Hirntumor plötzlich bremste.

Ich wuchs sehr einfach und traditionell auf und wurde mit viel Liebe und in großer Geborgenheit erzogen. Das waren die Werte, die ich lange pflegte, aber irgendwann musste ich feststellen, dass diese Tugenden und Qualitäten im Wirtschafts- und Geschäftsleben gar nicht gut ankamen, speziell bei Investoren oder Hotel-Management-Companies. Da war statt Nächstenliebe und Verständnis etwas ganz anderes gefragt, nämlich Durchsetzungsfähigkeit und Härte. Und so blieb mir gar kein anderer Weg, ich passte mich im Laufe der Zeit an. Ich gehörte zu einem System, in dem es darum ging, es noch schneller noch höher und noch weiter zu schaffen. Dieses Spiel wurde für mich zur Normalität, und das berufliche Weiterkommen war lange Zeit alles, wofür ich lebte. Einfluss, Macht, Image, Prestige – das alles war mein Ansporn, aber eigentlich war es ein Ansporn hin zum Ende.

Ich war sehr schnell aufgestiegen: Nach einer Lehre im Hotelfach und einem Studium in Stanford führte ich bereits mit 25 Jahren die operative Leitung eines 5-Sterne-Hauses in Saudi-Arabien. Es folgten Managerposten in Kambodscha, Laos, Vietnam und Myanmar. Dabei war eine Sechstagewoche die Regel, Zeit zum Durchatmen blieb nicht. Der Lohn dafür bestand in einem äußerst luxuriösen Lebensstil: Ich fuhr einen Maserati, unternahm exklusive Reisen und wohnte in den besten Hotels der Welt. Ich war der Meinung, dass mir das feudale und luxuriöse Leben zustand. Egal ob Luxusartikel wie Kleidung und Autos oder mein Beruf selbst – es war für mich ein Gesamtpaket, das diesem, meinem eigenen Anspruch genügen musste. Hinter all den Statussymbolen lag sicherlich die Suche nach Sinn. Aber ich ließ sie nicht zu und kompensierte meine Suche mit Imagegewinn und Besitz.

Dieser Werdegang forderte im Laufe der Zeit einen sehr hohen Preis, denn ich lebte ein äußerst oberflächliches Leben und verleugnete mich über einen langen Zeitraum selbst. Aber ich war damit sicher nicht allein. Jeder, der sich in einer Führungsposition befindet, tut das. Nach außen wirkte ich zufrieden, aber ich kann mich erinnern: In dem Zeitraum, als ich für rund 2000 Mitarbeiter zuständig war, schlich sich auch eine gewisse Einsamkeit ein, und ich war überhaupt nicht mehr sinnorientiert. Für Macht und Luxus war mir alles andere egal, ich arbeitete bis zum Umfallen und hinterfragte das nicht. Diesen Lebensstil pflegte ich ungefähr fünfzehn Jahre. Und wahrscheinlich hätte ich immer so weiter gemacht, wenn ich nicht vor fast zehn Jahren einen Weckruf erhalten hätte.

Es traf mich wie der Blitz aus heiterem Himmel. Plötzlich traten bei mir sehr starke Kopfschmerzen auf, immer und immer wieder – und die Häufigkeit der Attacken nahm zu. Ich griff zu Schmerztabletten, steigerte deren Dosis. Aber als mir dann auch noch in einer beängstigenden Weise schwindelig wurde und all die Tabletten nichts mehr ausrichten konnten, ging ich endlich zum Hausarzt. Der fackelte nicht lange und schickte mich gleich weiter ins Spital, wo man sofort mit den verschiedensten Untersuchungen begann.

Beim Gespräch mit den Ärzten wurde mir dann ein MRT-Bild gezeigt, auf dem ich einen golfballgroßen Hirntumor erkennen konnte. Die Diagnose war niederschmetternd: bösartig, inoperabel. Das bedeutete für die Ärzte sofort Alarmstufe Rot, und sie sagten mir relativ direkt, dass sie meine Überlebenschance äußerst niedrig einschätzten und mir keine andere Möglichkeit bliebe, als sofort mit einer Chemotherapie zu beginnen. Das Schlimmste in diesem Moment war noch nicht einmal die Diagnose selbst, sondern zu wissen, dass ich vor den besten Spezialisten stand, die keine Chance mehr für mich sahen. In so einem Moment kann man nicht mehr klar denken, mein Kopf war von Emotionen überflutet, eine nie gekannte Hilf- und Orientierungslosigkeit legte mich regelrecht lahm. Ich dachte: »Das kann nicht sein, das passiert mir nicht.« Ich hörte zwar, was die Ärzte sagten, aber die Diagnose wollte nicht zu mir durchdringen.

Ich kann nicht sagen, warum, aber aus irgendeinem Grund wusste ich instinktiv sofort, dass ich eine Entscheidung gegen die Chemotherapie treffen würde. Das war wirklich rein intuitiv, eine reine Bauchentscheidung. Denn die Ärzte sagten mir klar und deutlich: »Wenn Sie die Chemotherapie machen, wird das selbstverständlich mit Konsequenzen verbunden sein.« Konsequenzen für mein Immunsystem, für mein Bewusstsein und schlussendlich auch für mich als Person. Es bestand die Gefahr, dass ich viele meiner Erinnerungen und wahrscheinlich auch mein Gehör verlieren würde. Ich dachte mir: Wenn das das Beste sein soll, was die Ärzte mir anbieten können, dann muss es einen anderen Weg geben. Nur: Wie dieser andere Weg aussehen könnte, davon hatte ich zu diesem Zeitpunkt noch keine Ahnung.

In all meinen Berufsjahren hatten meine Instinkte eine sehr große Rolle gespielt, wobei ich mich allerdings nicht immer zu hundert Prozent auf dieses Bauchgefühl verlassen hatte. In jenem Moment jedoch, da ich diese tiefe Angst vor dem Tod spürte, blieb mir ja keine andere Möglichkeit, als mich der Situation zu stellen und die Fakten zu akzeptieren. Es war eben dieser Impuls, dieser Instinkt, das Gefühl – wie man es auch immer nennen möchte –, das mir ganz klar sagte: Nein. Es war dieser eine Moment der absoluten Stille in mir drin, vielleicht eine tausendstel Sekunde. Ein Moment nur, aber ein Moment der größten Klarheit. Manchmal gibt es Momente, da schaut man Menschen in die Augen und weiß sofort: »Nein, das ist es nicht.« Und so war es in diesem Augenblick. Obwohl die Chemo der vermeintlich einfachere Weg und auch der augenscheinlich vernünftigere gewesen wäre, wusste ich, das ist nicht mein Weg.

Als ich den Ärzten meinen Entschluss mitteilte, war die Hölle los. Dem Chefarzt sagte ich: »Ich muss Sie leider enttäuschen, ich werde das Hospital jetzt verlassen.« Da blickten mir ungläubige Gesichter entgegen. Aber ich ließ mich von meiner Entscheidung nicht abbringen und ging. Ich suchte den Abstand, isolierte mich für zwei oder drei Tage von allen Personen aus meiner Umgebung, denn mit meiner Entscheidung, das Hospital zu verlassen, war ja nichts vorbei. Ich musste immer noch diesen Schock verdauen. Keiner aus meinem privaten Umfeld war in die Diagnose eingeweiht, ich ging meinen Weg alleine.

Und dann trat der Zufall ins Spiel. Denn kurze Zeit später gab mir ein Kollege ein Buch über einen vietnamesischen Zen-Meister in die Hand, der in Südwestfrankreich lebt. Thich Nhat Hanh war sein Name. Dieser Kollege wusste nichts von meiner Diagnose. Man kann es also tatsächlich Zufall oder vielleicht sogar besser Schicksal nennen, dass er mir dieses Buch gegeben hatte. Ich las es in den nächsten Tagen durch und wusste sofort: »Ich muss diesen Menschen treffen.« In dem Augenblick keimte so etwas wie Hoffnung in mir auf.

Noch in derselben Woche machte ich mich auf den Weg. Ich fuhr nach Plum Village in Frankreich, jener buddhistischen Gemeinschaft, die vor über dreißig Jahren von Thich Nhat Hanh gegründet worden war. Heute leben dort etwa 200 Mönche und Nonnen in vier Klöstern inmitten einer Landschaft von Weinbergen. Es ist ein Retreat-Zentrum, in dem Menschen aus aller Welt Einkehr und Rückzug suchen.

Dort angekommen, bildete ich mir mit meiner ausgeprägten Management-Mentalität ein, es wäre nun gerade mein Fall, dem die absolute Priorität einzuräumen sei – schließlich trug ich ja einen tödlichen Hirntumor mit mir herum. Doch da hatte ich mich geirrt. Die Mönche ließen mich warten, stundenlang, tagelang, und ich flippte so richtig aus. Im Nachhinein wurde mir klar: So wie ich tickte, so funktionierte das einfach nicht. Erst nach rund einer Woche, als ich etwas »heruntergefahren« war, durfte ich endlich den Zen-Meister treffen. Ich sagte ihm: »Ich brauche Ihre Hilfe, ich werde sterben.« Er antwortete: »Es gibt nur wenige Menschen, die die Chance haben, sich einer solchen Situation zu stellen.« Ich war fassungslos und dachte, der spinnt. Denn wahrscheinlich hatte ich geglaubt, dass er ein bisschen zaubern würde, jedenfalls hatte ich gehofft, er käme sofort mit einem Rezept um die Ecke und würde mich – eins, zwei, drei – heilen. Schnell wurde mir klar, dass es so nicht laufen würde. Kurz darauf waren wir für mehrere Stunden zusammen in der Natur, spazierten nebeneinander in aller Stille. Da machte er mir unmissverständlich klar: »Ich kann dir nicht helfen. Ich bin kein Neurologe, kein Arzt, kein Psychologe, ich bin nur ein Mönch. Am besten nimmst du den Zug zurück nach Zürich.« Ich war völlig entsetzt und fragte: »Das soll alles sein?« Und er blieb dabei: »Ja, das ist alles. Ich wünsche dir noch alles Gute. Und wenn wir nichts mehr voneinander hören, dann vielleicht später, in einer anderen Sphäre …« Und er ging zurück in seine Hütte.

Ich war verzweifelt, am Boden zerstört. Ein Mönch fragte mich, wie es mir mit dem Zen-Meister ergangen sei. Ich antwortete: »Das war ein Witz. Ich bin über tausend Kilometer weit gefahren, nur um mir so etwas anzuhören.« Aber im Nachhinein bin ich mir sicher, dass das alles eine Prüfung war. Die Mönche wollten einfach nur sehen, wie ich reagierte. Sie ließen mich dann weitere zwei Wochen sitzen, zwei Wochen, in denen für mich die Uhr rückwärts zu laufen schien. Denn meine Zeit wurde immer knapper, ich wurde depressiv, und irgendwann brach ich mental zusammen. Völlig unerwartet kam dann eines Tages der Meister Thich Nhat Hanh noch einmal zu mir und sagte: »Vielleicht musst du irgendwohin gehen, an einen anderen Ort, wo du deine innere Ruhe finden kannst.«

Und so reiste ich, anstatt in mein altes Leben in der Schweiz zurückzukehren, nach Bhutan. Ich hatte mir vorgenommen, längere Zeit in einem Bergkloster zu verbringen, auf 3500 Metern über dem Meer, um dort zur inneren Ruhe zu finden. Ich kam an einem winzigen Flughafen an und wurde von zwei jungen Novizen abgeholt. Sie waren gerade mal fünfzehn oder sechzehn Jahre alt und, wie sich herausstellen sollte, die einzigen im Kloster, die Englisch sprachen. Um zum Kloster zu gelangen, mussten wir die ganze Nacht durch mit einem knatternden Minibus fahren. Bei Sonnenaufgang meditierten wir eine Stunde, und dann begann unsere Wanderung. Sechs Stunden lang ging es steil bergauf. Nach jeder Stunde legten wir eine Pause ein und meditierten in absolutem Schweigen.

Als wir endlich das Kloster erreicht hatten, erwarteten mich dort vierzig Mönche. Und was ich in diesem Kloster erlebte, sollte mich in einer Weise emotional bewegen, wie ich es zuvor noch nicht kennengelernt hatte. Ich war der einzige Westler dort, tauchte ein in eine komplett andere Welt. Wenige Wochen zuvor noch hatte ich in Designeranzügen in Luxushotels gesessen und war mit First-Class-Flügen durch die Welt gejettet. Und nun saß ich hier, in Jeans, Shirt und Sandaletten, ohne Handy und in völliger Abgeschiedenheit. Was mich besonders ergriff: Gleich vom ersten Moment an spürte ich bei den Mönchen Zuneigung und Mitgefühl. Und ich fühlte mich ihnen zugehörig.

Sie nahmen mich als Novizen ins Kloster auf, und in den ersten Wochen nahm ich zur Akklimatisierung an ihrem Tagesablauf teil. Bei Sonnenaufgang und bei Sonnenuntergang wurde meditiert, und tagsüber wurden verschiedene tibetische Rituale ausgeübt. Nach einigen Wochen bat man mich dann sehr unerwartet in eine kleine Holzhütte, die ungefähr vier Quadratmeter groß war und nur ein kleines Guckloch besaß. Ohne Matratze oder

Decke schlief ich auf einer Holzkiste. Es war kalt, der Wind pfiff durch die Holzwände. Hier lebte ich die nächsten hundert Tage in völliger Isolation. Es gab nichts zu lesen, nichts zu schreiben, nur zwei karge Mahlzeiten am Tag. Eine Situation, die am Anfang unheimlich hart für mich war, körperlich und psychisch. Ich litt unter Atembeschwerden und Angstzuständen. Und allein in der Hütte, ohne jede Aufgabe, fühlte ich mich nicht nur einsam, sondern auch ohnmächtig. Aber mit der Zeit legten sich diese negativen Gefühle, auch die Angst trat in den Hintergrund. Je weiter ich in Richtung Akzeptanz, Loslassen und Vertrauen ging, desto kleiner wurde meine Angst.

Einmal pro Woche kam der Meister mit einem der Novizen, die etwas Englisch sprachen. Der Meister stellte mir eine Lebensfrage und erwartete für den nächsten Tag eine Antwort. Je nachdem, ob er mit meiner Antwort zufrieden war, gab er mir dann eine weitere Frage, oder ich erhielt mehr Bedenkzeit. Ich erinnere mich noch sehr gut an seine erste Frage: »Wonach bist du auf der Suche?« Damit wusste ich zunächst gar nichts anzufangen. Wochenlang kreisten meine Gedanken alleine um diese Frage.

Dieser Aufenthalt in der völligen Isolation war der einzige Weg für mich runterzukommen. Ich kann nicht mehr sagen, wie, aber irgendwie gelang es mir, diese Einsamkeit durchzustehen. Vielleicht deshalb, weil mir gar keine Alternative mehr blieb. Manchmal meditierte ich bis zu zehn Stunden am Tag und sprach tibetanische Mantras. Durch diese tägliche, diese wöchentliche und monatliche Konzentration verlieh mir die Meditation irgendwann einen ungeahnten inneren Halt, ein tiefes Vertrauen. Und es begann ein Prozess des Loslassens und der Akzeptanz, der mir dabei half, nicht mehr auf den großen, schnellen, auf Effizienz angelegten Trip angewiesen zu sein. In diesem Kloster, 3500 Meter über dem Meer und jenseits all dessen, was mein Leben bislang geprägt hatte, ging es nicht mehr darum, das eigene Gedankengut zu kontrollieren. Plötzlich standen die Gedanken nicht mehr im Mittelpunkt, sondern ein Gefühl, das sehr tief mit dem Unterbewusstsein verbunden ist. Es war eine wirklich tiefe emotionale Reise, die da für mich begann.

In dieser Zeit in Bhutan war der Tod für mich überhaupt nicht mehr präsent. Was aber präsent war, war, nicht mehr auf der Suche zu sein. Für mich hing die Ursache meiner Erkrankung mit der Art und Weise zusammen, wie ich bislang gelebt hatte und wie ich mich als Mensch und als Teil unserer westlichen Kultur sah. In meinem Leben hatten sich viele Ängste breitgemacht. Mir war bewusst, dass ich diesen Weg nicht in der Absicht oder Erwartung gehen konnte, dass eine Heilung eintreten würde. Ich ging diesen Weg einzig, um endlich Zugang zu mir selbst zu erhalten. Ich wusste, dass ich diesen Prozess nicht willentlich steuern konnte, das musste ich dem Schicksal überlassen.

Nach hundert Tagen in Isolation ging die Tür ohne Ankündigung auf, und das Ende meines Aufenthalts stand bevor. Ich war erst einmal sehr unsicher, wie es für mich weitergehen konnte, ob ich dort bleiben oder in mein altes Leben zurück wollte. Ich wurde dann eine Woche lang in einem speziellen Ritual für meine Rückkehr in die Zivilisation vorbereitet, das war sehr emotional für mich. Ich war mir ganz klar darüber, dass dieser spirituelle Aufenthalt ein wesentlicher Teil meines Lebens bleiben würde, um meine innere Balance zu halten, wie auch immer es danach weiterginge.

Nach rund einem dreiviertel Jahr in Bhutan konnte ich nicht einfach so nach Zürich zurückkehren. Diese Erfahrung war so existenziell, dass ich noch mehr Zeit brauchte und für einige Wochen durch Indien reiste. Als ich danach zurück in meiner Heimat war, ließ ich mich selbstverständlich als erstes im Spital untersuchen. Und das Unglaubliche wurde wahr: Es war kein Tumor mehr nachweisbar! Unter schulmedizinischen Aspekten war diese »Heilung« völlig unerklärbar. Und natürlich auch problematisch, denn so etwas ist aus medizinischer Sicht nicht unbedingt vorgesehen und wird auch nicht akzeptiert. Es war aber auf dem Röntgenbild deutlich zu sehen, dass es keine »externen Einflüsse« gegeben hatte, dass also zum Beispiel keine Operation erfolgt war. Ich bin mir sicher, die Mönche in Bhutan wussten damals schon, dass eine Heilung stattgefunden hatte, sonst hätten sie mich nicht weggeschickt. Für mich war diese spirituelle Reise der Weg, mich von Angst und Furcht zu lösen, und das übertrug sich wahrscheinlich auf meine Organe. Rational erklären lässt sich dieser Prozess nicht. Aber vielleicht ist das gerade das Interessante im Leben. Man muss lernen, dass auch das Unerwartete und das Ungewohnte existieren können. Man muss nicht immer alles verstehen, man muss manches einfach akzeptieren.

Nach meiner Rückkehr hatte ich vor, meine Erfahrungen aus dem Kloster im Management-Alltag in Hotels einfließen zu lassen. Ich wollte Retreats anbieten, gesundes Essen und Seminare. Ich wusste, ich bin kein spiritueller Lehrer, kein Meister und schon gar kein Heiler, ich bin ein ganz normaler Mensch. Aber ich wusste auch: Ich bin jemand, der für andere Werte einsteht als für eine reine Profitmaximierung, globale Dominanz und soziale Ungleichheit. Ich wollte einen anderen Ansatz von Unternehmensführung und Management vermitteln. Doch ich merkte schnell, dass das im Angestelltenverhältnis einfach nicht funktionierte, die unternehmerischen Erwartungen waren schlicht zu hoch. Weil das so aber für mich nicht mehr stimmte, zog ich mich schließlich komplett heraus und entschied, dass ich mein Wissen in einer Selbstständigkeit anbieten würde. Und das ist es, was ich bis heute tue. Ich gebe Seminare für Führungskräfte und Organisationen und zeige auf, dass es andere Wege gibt, als mit überzogenen Erwartungen und Ambitionen Menschen zu führen.

Mein Lebensstil hat sich grundlegend verändert: Ich habe weder ein Auto noch fliege ich First Class. Ich trage keine Dolce & Gabbana-Kleidung mehr, trinke keinen Alkohol, ernähre mich vegetarisch und gehe nicht auf Partys.

Ich meditiere jeden Tag, mal eine, mal zwei bis drei Stunden lang. Heute definiere ich Werte anders, und ich lebe sie anders. Werte sind heute für mich Vertrauen, innere Balance, Dankbarkeit. Sowohl im Privat- als auch im Berufsleben sind diese Werte an die Stelle der alten getreten.

Das letzte MRT liegt nun ungefähr drei Jahre zurück, aber ich würde sagen, mein Weg ist noch nicht abgeschlossen. Es ist ein »geheilt« mit Fragezeichen. Aber das ist mir nicht wichtig. Die Angst ist für mich nicht mehr vorhanden, an keinem Tag. Ich fühle mich geheilt, fit, wohl, ich bin aufmerksam, lebe meinen Alltag, pflege Beziehungen. Das ist es, was mir etwas bedeutet. Alle halbe Jahre gehe ich zum Arzt, aber ich brauche die Bestätigung nicht von außen. Ich ziehe diese Selbstgewissheit aus mir selbst. Würde ich nicht meditieren, wäre die Chance wahrscheinlich groß, dass ich die Achtsamkeit wieder verliere. Durch die Meditation habe ich aber eine andere Verbundenheit mit meinem Körper und eine sehr viel größere Sensibilität. Die Frage nach »gesund« oder »krank« stelle ich mir in dem Sinne nicht. So funktioniere ich nicht mehr, ich fühle anders und gehe anders mit mir um.

In unserem Lebens- und Wertesystem sind wir ab unserer Geburt darauf programmiert, alles berechenbar halten zu müssen. Ich habe gelernt, dass andere Parameter in meinem Leben gelten, die mir eine andere Sicherheit geben. Dadurch habe ich eine Freiheit erlangt, die ich früher nie hatte. Ich ziehe dieses Gefühl einfach aus meinem Inneren heraus und fühle mich damit unendlich froh.

»Bis dreißig habe ich so viel erlebt, der Rest ist jetzt ein Gewinn.«

Petra Thomas lebte ein Leben auf der Überholspur – bis sie mit 31 Jahren die niederschmetternde Diagnose Darmkrebs erhielt. Doch trotz besorgniserregender Prognosen für sie kein Grund zum Aufgeben.

Ich war schon immer ein sehr aktiver Mensch, brauchte permanent etwas zu tun, war ständig in Action. Bis zu meinem dreißigsten Lebensjahr machte ich einfach alles, worauf ich Lust hatte. Es war ein erfülltes Leben – wahrscheinlich habe ich in diesen dreißig Jahren mehr erlebt als manch anderer in seinem ganzen Leben. Mit Mitte zwanzig war ich sehr sorgenfrei, da dachte ich noch überhaupt nicht über den Sinn des Lebens und all die großen Fragen nach. Entscheidungen traf ich immer aus vollstem Herzen: Ich absolvierte ein Praktikum in London und ein Auslandssemester in Schweden. Nach meinem Studium in Stuttgart schrieb ich meine Diplomarbeit in Barcelona.

Zusammen mit meinem Lebensgefährten ging ich später für einen Job nach Sansibar. Wir waren frei und genossen es, die Welt zu sehen. Vor vier Jahren kehrten wir dann zurück nach Deutschland, und ein Jahr darauf heirateten wir. Wir hatten beide gute Jobs in Berlin angenommen, feierten eine wunderschöne Hochzeit und verbrachten traumhafte Flitterwochen in Portugal. Ein neuer, spannender Lebensabschnitt sollte nun für uns beginnen. Wir hatten so viele Zukunftspläne … Doch nur zwei Wochen nach unserer Hochzeitsreise erhielt ich eine Diagnose, die mein Leben schlagartig und grundlegend verändern sollte: Darmkrebs.

Etwa seit einem dreiviertel Jahr hatte ich zwar einige Symptome verspürt, aber nicht sonderlich ernst genommen. Ab und an hatte ich Blut im Stuhl, später traten auch Bauchkrämpfe und Verdauungsstörungen auf. Aber ich fühlte mich nicht schwach, sondern fit. In den Flitterwochen war ich noch Surfen, Tauchen und entdeckte Portugals Städte und Küsten stundenlang zu Fuß. Ich verdrängte die negativen Gedanken und wollte nicht daran glauben, dass ich krank sein könnte. So wartete ich lange damit, einen Arzt aufzusuchen. Als mich dann auch der Doktor zunächst beruhigte, es wären sicher nur Hämorrhoiden, für Krebs sei ich sowieso noch viel zu jung, verschob ich auch die Darmspiegelung noch einmal bis nach unserer Hochzeit. Irgendwie bin ich sogar etwas froh darüber, denn so hatte ich zumindest noch in meiner heilen Welt die Party feiern können.

Selbst als ich dann an einem Donnerstagnachmittag einen Anruf des Arztes erhielt, rechnete ich nicht im Geringsten mit so einer Nachricht. Als er fragte, ob ich sofort in die Praxis kommen könnte, sagte ich sogar: »Ich muss arbeiten. Ich habe morgen früh einen Termin, das reicht doch.« Noch nicht einmal zu diesem Zeitpunkt dachte ich daran, dass es etwas derart Schlimmes sein könnte. Das war so weit weg.

Also ging ich erst am nächsten Morgen zum Arzt, und nun stand da mit einem Schlag diese Diagnose im Raum: Enddarmkrebs im dritten Stadium. Was bedeutet, dass die Krankheit bereits fortgeschritten ist und die Gefahr besteht, dass sich der Tumor durch eine Operation nicht vollständig entfernen lässt, dass er möglicherweise sogar Metastasen bildet. Es war ein unheimlicher Schock – für mich und für meinen Mann. Absolute Fassungslosigkeit paarte sich mit Todesangst. Obwohl der Arzt gleich sagte, dass diese Diagnose heutzutage kein Todesurteil bedeuten muss. Trotzdem galt für mich Stillstand – alle Pläne waren erst einmal aus und vorbei. Aber dank der guten Begleitung durch die Ärzte fiel ich nicht gleich in ein Loch. Sehr schnell war da auch schon der Gedanke: »Ich schaffe das!«

Nach dem ersten Schock musste ich in vielen Bereichen meines Lebens umdenken. Ich war immer unter Strom gestanden. Umso schwerer war es für mich, zu begreifen, dass der Arzt zu mir sagte, ich könne nun ein dreiviertel Jahr lang nicht arbeiten gehen. Im Nachhinein wäre es schön gewesen, wenn es allein das gewesen wäre. In diesem dreiviertel Jahr bekam ich zwei Chemotherapien, Bestrahlungen, wurde operiert und erhielt ein Stoma, einen künstlichen Darmausgang. Wenn der Darmkrebs früh erkannt wird, kann man ihn gut operieren, und man hat gute Überlebenschancen. Auch mit dem

Stoma kann man gut leben. Die Ärzte gaben mir Hoffnung, und ich glaubte: »Die schneiden den Krebs heraus, und dann bist du durch.« Sicher, ich würde eine Zeitlang leiden müssen, doch diese Zeit würde auch wieder ein Ende finden.

Allerdings wurde dann bei mir in der Abschlussuntersuchung eine winzige Metastase in der Leber gefunden, die vorher noch nicht da gewesen war. Nun lautete die Diagnose mit einem Schlag: Stadium 4, letztes Stadium. Das war ein noch größerer Schock als die erste Diagnose. Ich fragte mich, wofür ich das alles durchgestanden hatte. War das alles umsonst gewesen? Im vierten Stadium ist der Krebs so weit fortgeschritten, dass eine Heilung eher die Ausnahme als die Regel ist. Meine Lunge wurde untersucht, und auch dort fanden sich in beiden Lungenflügeln Metastasen – damit wurde es zu einer unendlichen Geschichte. Mein Mann und ich, wir hatten im zweiten Jahr immer noch die Hoffnung, dass alles wieder gut wird. Man bespricht mit den Ärzten die nächsten Therapien und denkt sich: »Komm, das schaffst du jetzt auch noch, dann ist es fertig!« Das dachten wir nach der dritten und nach der vierten Operation und nach jeder einzelnen Chemo. Aber es war nie fertig. Der Krebs war unter der Therapie sogar noch weiter gewachsen.

Innerhalb von drei Jahren unterzog ich mich insgesamt zwölf Operationen und machte zusammengerechnet ein Jahr Chemotherapie und zwei Monate Bestrahlungen durch. Im dritten Jahr habe ich zum ersten Mal ernsthaft den Gedanken zugelassen, dass ich nie mehr das Wort »krebsfrei« hören würde. Zurzeit habe ich noch immer Lungenmetastasen. Diese werden weiter behandelt. Die Ärzte versuchen es mit immer neuen Anwendungen. Wir haben noch Ideen, wir geben noch nicht auf.

Was ist eigentlich meine große Aufgabe? Was hinterlasse ich? Habe ich Angst vor dem Tod? Führe ich ein erfülltes Leben? Mit dreißig hatte ich noch überhaupt nicht über diese tiefsinnigen Fragen nachgedacht. Mein Weg war mir bis dahin klar gewesen. Doch eine derartige Diagnose reißt einen erst einmal raus aus dem Leben. Wenn es mir nach einem Eingriff oder während einer Chemo richtig dreckig geht, dann sehe ich immer mal wieder ein schwarzes Loch vor mir: Ängste, Zweifel, Trauer und Wut. Nach der Leber-Operation, die die bis dahin schlimmste war, hatte ich die Tür zum Schwarzen Loch zum ersten Mal einen Spalt weit geöffnet, kam aber wieder alleine heraus. Seither traten diese Schwarzen Löcher noch ein paar Mal auf, manchmal sogar ohne triftigen Auslöser. In diesen Momenten fühle ich mich einfach nur hilflos. Habe keine Ahnung, wie es weitergehen soll. Habe keine Lust mehr. Anfangs habe ich immer gesagt, es gibt gute und schlechte Tage. Heute weiß ich, es gibt alle möglichen Abstufungen von Tagen, Stunden und sogar Minuten. Am Anfang brauchte ich keine psychoonkologische Hilfe, doch seitdem ich die Schwarzen Löcher kenne, nehme ich sie gerne in Anspruch. Es tut gut, darüber zu sprechen.

Wenn ich stabil bin wie jetzt, dann sage ich: »Nein, mir macht der Krebs im Grunde keine Angst.« Mit der Angst, dass das Leben verkürzt ist, habe ich mich in der Zwischenzeit abgefunden, ich rechne nicht mehr damit, ins Rentenalter zu kommen. Am Anfang waren es Fragen wie: Was erwartet mich? Wie sieht die Behandlung aus? Wie weh tut das? Was kann ich danach noch? Wenn meine Lunge operiert wird, kann ich dann überhaupt noch Sport treiben?

Jetzt bin ich ja bereits sehr erfahren, man wächst mit seinen Aufgaben. Und für mich ist die einzige Angst, die heute noch bleibt, die vor dem Leiden. Meine Angst ist nicht, dass ich sterbe, sondern die, dass ich leiden muss. In schlechten Momenten würde ich schon sagen: »Klar habe ich Angst zu gehen«. Aber ich tröste mich damit, dass ich wenn ich weg bin, nichts mehr merke. Doch dann sind es meine Familie und mein Mann, die mit meinem Tod klarkommen müssen. Und dieser Gedanke ist kaum zu ertragen.

Es gibt noch immer viele kritische Situationen, einige Tiefs und ab und zu Schwarze Löcher. Bisher schaffe ich es, durch meine Denkweise und meine Zwiegespräche mit mir selbst und mit meinem Mann wieder herauszukommen. Sich mit diesen Fragen auseinanderzusetzen, beruhigt auch auf eine gewisse Weise. Was kommt, weiß doch niemand. Niemand weiß, ob er morgen vor ein Auto läuft. Ich sage mir selbst: »Ganz ruhig! Tu das, worauf du Lust hast, umgib dich mit Menschen, die dir guttun.«

Manchmal gerate ich in Situationen, die mir nicht viel geben. Kommt es so weit, dann achte ich darauf, diese Situationen zu verlassen. In dieser Hinsicht bin ich sehr egoistisch geworden. Die Psychoonkologin sagte mir aber auch, dass ich das sein darf. Dadurch habe ich viel dazugewonnen, eine Haltung, die eigentlich jeder Mensch besitzen sollte. Man sollte sich mit dem umgeben, was man gerne tut, und man sollte sich fragen: »Mache ich das, was die Erfüllung meines Lebens ist?« Am Ende wollen wir doch alle ein nettes Leben haben. Wir wollen selbst Entscheidungen treffen und uns nicht vom gesellschaftlichen Druck leiten lassen.

Ich habe viel über Erfüllung nachgedacht. Anfangs überlegte ich mir bei jeder Handlung, ob das jetzt das Bestmögliche wäre, was ich in meinem Leben machen könnte. Auch wenn es nur um Fragen ging wie: »Gehe ich heute Schwimmen oder nicht?« Es ist sehr anstrengend, in jeder Kleinigkeit gleich den Sinn des Lebens zu suchen. Ich will so viel, und ich verspüre schon ein bisschen Zeitdruck. Manchmal fühlt es sich an, als würde sich mir die Kehle zusammenschnüren, und ich will am liebsten alles sofort machen, weil ich keine Zeit mehr habe. Damit muss ich umgehen lernen.

Es hängt so viel daran, auch der Kinderwunsch. Mein erster Eingriff nach der Diagnose war, Eizellen einfrieren zu lassen. Das ist sehr, sehr intim und schwierig. Die Ungewissheit, ob wir Kinder bekommen können, macht mich traurig. Aber da ist auch die ethische Frage: Sollte ich mit

Krebs im vierten Stadium überhaupt ein Leben in die Welt setzen, wenn mir selbst vielleicht nur noch ein paar weitere Jahre bleiben?

Ich bin mittlerweile zwar grundsätzlich gefasster und achte darauf, dass mein Leben trotz der Krankheit erfüllt ist. Dennoch hätte ich gerne noch mehr Zeit für die glücklichen Momente. Die Behandlungen stören mich dabei. Ich versuche, mich in den zwei bis drei Monaten zwischen den Therapien immer wieder aufzubauen. Ich ernähre mich gesund, tue, was mir guttut, gehe raus, versuche Sport zu treiben, sobald das wieder möglich ist. Und ich achte darauf, die guten Phasen so fit wie möglich zu erleben und fast normal weiterzuleben. In den ersten zwei Jahren ging ich immer direkt wieder arbeiten, sobald ich konnte, und holte das Maximum aus mir heraus. Jetzt, im dritten Jahr, habe ich verstanden, dass mich das zu sehr schlaucht. Deswegen habe ich mir die therapiefreien Monate nun zum ersten Mal wirklich genommen, um wieder fit zu werden.

Trotzdem kann ich nicht einfach untätig sein. Schon in der ersten Woche nach meiner Diagnose war mir klar, dass ich meinen Fall nutzen muss, um andere aufzuklären. Ich überlegte, was ich tun kann, und bald kam mir die Idee, mich für Darmkrebsvorsorge einzusetzen. Durch mein Studium der Medienwirtschaft und meine beruflichen Erfahrungen gelang es mir schnell, den gemeinnützigen Verein »Rote Hose Darmkrebsvorsorge e.V.« zu gründen und zu verbreiten, für den ich mich bis heute intensiv engagiere. Dabei ist es mir ein großes Anliegen, besonders die jungen Menschen anzusprechen. Ich bin jung, und man hätte den Krebs früher entdecken können. Ich war erleichtert, als mir der Arzt damals sagte: »Eine Darmspiegelung brauchen Sie nicht.« Wenn ich aufgeklärter gewesen wäre, hätte ich definitiv früher vernünftig reagiert. Ich wäre früher zum Arzt gegangen und hätte darauf gepocht, eine Darmspiegelung durchführen zu lassen. Bei anderen Betroffenen sollte es nicht so weit kommen müssen wie bei mir. Auch wenn ich nicht immer so viel Kraft habe, wie ich gerne hätte, gibt mir die Arbeit für meinen Verein so viel. Es ist mir wichtig, etwas zu schaffen, das einen Nutzen mit sich bringt, einen Sinn. Dass mir 2015 für meine Arbeit der Felix-Burda-Award verliehen wurde, ist eine große Ehre für mich und macht mich stolz.

Trotz meiner Krankheit gibt es vieles, wofür ich dankbar bin und was mein Leben lebenswert macht. Es gibt fünf Säulen im Leben: die Liebe, die Gesundheit, die Familie, der Job, das Dach über dem Kopf. Bei mir ist ja nur eine der fünf Säulen kaputt, die Gesundheit. Bei anderen Erkrankten kommen oft noch weitere hinzu: Der Partner trennt sich, die Familie bietet keinen Rückhalt, man verliert seinen Job. Dann ist man sicherlich gefährdeter. Ich kann Kraft aus den vier übrigen Säulen ziehen. Mein Mann ist ein sehr positiver Mensch, eine richtige Frohnatur. Er stärkt mich unheimlich, und wir haben weiterhin viel zu lachen. Ich bin unbeschreiblich dankbar für seine Liebe und Unterstützung. In meinen tiefsten

Momenten ist er der einzige, der mich wieder aufbauen kann. Einfach indem er neben mir sitzt, meine Hand hält und sagt: »Den heutigen Tag hast du schon fast geschafft. Morgen wird es dir besser gehen«. Aber im dritten Jahr spüre ich nun, wie auch seine Kraft langsam nachlässt. Das war zunächst ein richtiger Schock für mich, zu sehen, wie dieser starke 1,92-Meter-Mann auf einmal nicht mehr alles so leicht wegsteckt. Zu den alltäglichen Problemen, die wir gemeinsam meistern müssen, gibt es natürlich noch das ganz große Thema: Die Zukunft miteinander zu planen und zu gestalten. Denn wie weit darf man überhaupt im Voraus planen? Der Schlüssel ist für mich, offen miteinander über all diese Fragen, Sorgen und Ängste zu sprechen.

Ich hatte drei Jahre Zeit, über meine Erkrankung nachzudenken, und ich bin der Meinung: Bis dreißig habe ich so viel erlebt, der Rest ist jetzt ein Gewinn. Ich hatte ein tolles, erfülltes Leben mit allem, was ich mir bis dahin wünschen konnte. Aber das bedeutet natürlich auch, dass man sein Leben umdenkt. Ich war schon immer ein positiv denkender Mensch, das hilft mir dabei, auch jetzt nicht in negative Gedanken zu verfallen. Ich bin nicht frustriert, dass ich keine Kinder mehr bekommen werde oder kein Häuschen mehr bauen kann. Das wäre für mich Jammern auf hohem Niveau. Ich sehe nicht das, was ich nicht habe, ich sehe das, was ich habe. Dafür bin ich dankbar – und deswegen bin ich glücklich.

»Kai war der Mann, mit dem ich wirklich sehr gerne alt geworden wäre.«

Eine glückliche Beziehung, ein eigenes Haus, ein wunderbares Kind – als junges Ehepaar hatten Anja und Kai Lauckner die besten Bedingungen, um ein perfektes Leben zu führen. Doch dann erhielt Kai die Diagnose Magenkrebs.

Kai und ich, wir kannten uns eigentlich fast unser ganzes Leben lang. Er war fünf Jahre älter als ich, und er war meine Jugendliebe. Wir wurden ein Paar, als ich vierzehn war, und starteten gemeinsam ins Leben. Als ich nach dem Schulabschluss von Wernesgrün nach Oberfranken zog, um eine Ausbildung zur Werbekauffrau zu absolvieren, ging er mit mir. Ich bildete mich zur Werbefachwirtin weiter und arbeitete zehn Jahre lang für einen Konzertveranstalter. Kai war Dachdecker. 2004 heirateten wir, 2005 wurde unser Sohn Nils geboren, unser ganzes Glück. Wir führten ein ganz klassisches Familienleben, hatten ein eigenes Haus mit Garten, Nils besuchte den Kindergarten, und wir beide gingen unseren Berufen nach. Kai war nach der Familiengründung sein Job als Dachdecker etwas zu gefährlich geworden, zudem ist es eher ein Saisonarbeitsplatz. Aber er fand eine gute Stelle in einer Firma, die Etiketten produziert. Wir hatten ein schönes Leben, wollten das Haus weiter ausbauen und renovieren. Und wir überlegten, bald ein zweites Kind zu bekommen.

Die ersten Anzeichen dafür, dass etwas nicht stimmte, tauchten auf, als Nils vier Jahre alt war. Die Symptome waren zu Beginn nicht besonders besorgniserregend. Kai war starker Raucher, und zu Anfang des Jahres wollte er urplötzlich an einem Raucherentwöhnungsprogramm teilnehmen. Und merkwürdigerweise fiel ihm das überhaupt nicht schwer – ohne Entzugserscheinungen oder Gewichtszunahme. Allein das hätte mich schon stutzig machen sollen. Im Frühjahr fiel mir dann auf, dass er wahnsinnig übel aus dem Mund roch, wie nach faulen Eiern. An etwas Ernstes dachte ich dabei noch nicht. Ich las im Internet etwas über den Säure-Basen-Haushalt, und auf mein Anraten trank Kai mehr Tee und weniger kohlensäurehaltige Getränke – davon ging es auch weg. Wäre das nicht passiert, hätte ich sicherlich darauf bestanden, dass er zum Arzt geht. Im Sommer grillten wir viel, Kai aß viel Fleisch und trank seinen Kaffee und seine Bierchen, allerdings ohne irgendwelche Beschwerden, außer, dass ihm oft so schwindlig war, weswegen ein CT vom Kopf gemacht wurde. Es kam aber nichts heraus, und nach drei bis vier Wochen war der Schwindel wieder verschwunden. Damals musste seine Erkrankung bereits sehr weit fortgeschritten gewesen sein. Im September klagte er zunehmend darüber, wie schwer es ihm falle, das Essen hinunterzubringen. Als Kai im Oktober einmal seinen Anzug anzog, rutschte der ihm im geschlossenen Zustand über die Hüfte, und erst da merkten wir, dass er ganze zehn Kilo abgenommen hatte. Als ihm am 11. November, beim Sankt-Martins-Umzug, fast ein Brötchen im Hals stecken geblieben wäre, waren wir schon in Sorge. Eine Woche später hatte er einen Termin zur Magenspiegelung. Unmittelbar danach wussten wir, dass Kai Magenkrebs hatte und dass dieser bereits sehr weit fortgeschritten war. Der Gastroenterologe und später auch die Ärzte im Krankenhaus sagten, dass sie noch nie zuvor einen Tumor mit solch einem Ausmaß diagnostiziert hätten.

Am Abend vor der Magenspiegelung sagte ich noch beim Abendessen zu Kai: »Was, wenn es Speiseröhrenkrebs ist?« »Das ist es nicht. Aber wenn es so ist, dann machen wir uns diese Gedanken, wenn es so weit ist.« Als mein Mann dann am darauffolgenden Tag mit der Magenspiegelung fertig war, rief er mich an – Nils war krank, und ich war zwischenzeitlich nach Hause gefahren. »Du kannst mich abholen, aber wir müssen noch mal in die Sprechstunde. Der Arzt will uns noch einmal sehen.« Da war mir klar, dass sie etwas gefunden hatten.

Der Magentumor war riesig, er hatte bereits einen großen Teil des Magens ausgefüllt. Aber die Fachärzte sagten, es sei nicht aussichtslos. Der normale Weg sah eine Operation und davor wie danach eine Chemotherapie vor. Und so waren wir im Glauben, dass nun zwar ein sportliches Vierteljahr vor uns liege, aber in spätestens sechs bis neun Monaten die Welt wieder in Ordnung sei. Wir hatten das Gefühl, dass man etwas tun könne.

Am nächsten Tag war Kai beim Radiologen. Ich blieb mit unserem kranken Sohn zuhause und saß wie auf Kohlen. Ich weiß noch heute, wie er nach Hause kam und sagte: »Anja, alles in Ordnung. Der Krebs hat nicht gestreut!« Wir waren so erleichtert. Kai hatte die Wahl, die Chemo stationär oder ambulant bei einem Onkologen vor Ort durchzuführen, und da wählte er natürlich lieber die ambulante Version. Als wir bei diesem niedergelassenen Onkologen waren, lautete dessen erster Satz: »Was hat man Ihnen gesagt?« Und da wusste ich, dass man uns im Grunde überhaupt nichts gesagt hatte. Ihm war der schwarze Peter zugeschoben worden, uns jungen Menschen die schlechte Nachricht zu übermitteln, dass es ganz und gar nicht gut aussah. Er erzählte uns nun von dem Ausmaß der Erkrankung und von der Tatsache, dass der Tumor bereits den Magen verlassen und mit der Bauchdecke verwachsen war. Letztlich waren schon das Zwerchfell, die Milz, Teile der Leber, Lymphknoten und die Bauchspeicheldrüse betroffen. Und in diesem Zustand war es nicht möglich, Kai zu operieren. Wir hatten uns eine Woche lang Hoffnung gemacht, dass es eine Perspektive gebe. Und die wurde uns in diesem Moment mit einem Schlag genommen.

Bereits am nächsten Tag begann die Chemotherapie. Andernfalls wäre es fraglich gewesen, ob Kai Weihnachten überhaupt noch erlebt hätte. Er machte eine Chemo, die noch nicht lange auf dem Markt war und die das Klinikum abgelehnt hätte, da es dazu noch gar keine Langzeitstudien gab. Da es aber wirklich keine Hoffnung gab, dass Kai das länger überleben würde, war für uns das oberste Ziel, Zeit zu gewinnen. Ich sagte auch mal zwischendurch: »Wir wollten doch noch ein Kind.« Darauf antwortete der Arzt ganz klar: »Frau Lauckner, Sie haben ein Kind, belassen Sie es dabei.« Mit einem Schlag stand unsere Zukunft, unser ganzes Leben in Frage.

Die Hoffnung war natürlich immer da, und sie wurde uns von den Ärzten auch niemals genommen. Aber es war auch klar, dass es hier wirklich um Leben und Tod ging. Ich erinnere mich auch an das erste Telefonat mit meiner Mutter, bei dem ich eine halbe Stunde lang nur geweint hatte und sagte: »Ich spüre das. Das wird nichts mehr.«

Die erste Chemo vertrug Kai noch ganz gut, obwohl sie sehr heftig war. Der Tumor verkleinerte sich so sehr, dass er sogar operiert werden konnte. Der Magen wurde entfernt, ein Teil der Leber, die Milz, die Galle und ein großer Teil des Zwerchfells und der Bauchspeicheldrüse. Die erste große Herausforderung hieß nun: Leben ohne Magen. Und ich glaube, dass Kai, hätte er keine Rezidive bekommen, verhungert wäre. Er konnte sich nicht darauf einlassen, dass er keinen Magen mehr hatte.

Das Essen kann man wieder lernen, sich aber an Regeln und Richtlinien zu halten, das fiel Kai sehr schwer. Wenn er Haxe essen wollte, wollte er Haxe – auch wenn es lebensgefährlich war. Und er wollte keine zwölf Mahlzeiten am Tag zu sich nehmen und den ganzen Tag damit beschäftigt sein, irgendetwas in sich reinzubekommen, was ihm nicht schmeckte. Er litt häufig am Dumping-Syndrom: Wenn er etwas Falsches oder zu schnell gegessen hatte, führte das zu Durchfall, Übelkeit und Erbrechen. Also aß er oft lieber gar nichts. Da hatte er vielleicht Zeit für anderes, aber natürlich keine Kraft mehr. Zwischendurch musste er auch zum Aufpäppeln auf die Palliativstation.

Ich habe weiterhin gearbeitet. Wenn ich das nicht getan hätte, wären wir uns wahrscheinlich gegenseitig an die Gurgel gegangen. Jeder brauchte Zeit für sich, ohne den anderen. Einmal fragte ich Kai, ob er möchte, dass ich bei ihm bleibe, und er sagte: »O Gott, Anja, nein! Bitte geh arbeiten.« Alles andere wäre auch eine Katastrophe gewesen. Kai wollte sein Ding machen, und da ich ihn immer kontrollieren und alles protokollieren wollte, war es besser, wenn jeder von uns seinen eigenen Bereich hatte.

Ich habe Kai nie zu einer Chemotherapie gezwungen. Ich habe ihm immer gesagt, ich würde es verstehen, wenn er sagte, dass er nicht mehr kann. Egal zu welcher Entscheidung er sich durchgerungen hätte, er hätte sie ganz alleine für sich treffen können, und ich hätte jede mitgetragen. Kai setzte sich das Ziel, noch die Einschulung von Nils mitzuerleben – das war noch knapp zwei Jahre hin. Das wollte er noch schaffen. Und das schaffte er auch, nur dass er nicht mehr mit auf die Einschulungsfeier gehen konnte. Die zwei Jahre waren trotz aller Strapazen und Schmerzen ein Geschenk für uns.

Für unseren Sohn war es besonders schlimm, als Kai ohne Magen aus dem Krankenhaus zurückkam und die

Nahrung nur noch teelöffelweise zu sich nehmen konnte. Nils brach in Tränen aus. Was das soll, fragte er, denn er war sich sicher, ohne Magen und Essen kann man nicht mehr leben. Trotz seines jungen Alters bezogen wir Nils immer mit ein, er wusste, er kann uns vertrauen. Kinder haben so sensible Antennen, sie merken sowieso, wenn etwas nicht stimmt. Und so konnte er spüren, dass seine Eltern ihn als ein Familienmitglied auf Augenhöhe behandeln, mit dem gesprochen und das informiert wird. Wir haben uns auch mit Kinderpsychologen auseinandergesetzt. Wir wollten uns absichern, welchen Weg wir gehen und welche Worte wir benutzen können. Nils wusste auf jeden Fall, dass sein Vater bald an dieser Krankheit sterben würde. Und Kai nutzte diese Zeit sehr intensiv, um mit Nils noch einmal eng zusammen sein zu können. Nils spricht noch heute von den Momenten, die er mit seinem Papa erleben durfte und über die er sich so gefreut hat.

Die Beziehung zwischen Kai und mir war vor der Krankheit nicht ganz krisenfrei gewesen. Wir hatten unsere Höhen und Tiefen. Das ist ja auch das Besondere an der Geschichte. Nach meinem heutigen Entwicklungsstand, nachdem ich viel mehr zu mir selbst gefunden habe und weiß, wer ich bin, wo ich stehe und was ich gerne haben möchte, hätte ich diese Ehe sicherlich so nicht weiterführen wollen. Damals war ich aber nicht so weit. Grundsätzlicher Streitpunkt war immer wieder Kais Hang zum Alkohol. Das war nicht gravierend, bot aber ständig Diskussionspotential. Kai war sehr hilfsbereit, half anderen gerne auf Baustellen und war dadurch viel unterwegs. Und dann sitzt man danach eben noch ein bisschen zusammen und sitzt ein bisschen länger und trinkt das eine oder andere Bierchen … Und dann war es oft plötzlich nachts um zwei Uhr, als er nach Hause kam. Da waren wir uns leider selten einig, und ich war häufig nicht gelassen genug. Heute weiß ich, dass ich Kai auch anders hätte gegenübertreten können und trotzdem zum Ziel gekommen wäre. Wenn ich meine Gefühle für ihn vergleiche, wie sie vor der Krankheit und danach waren, dann war das früher womöglich keine richtige Liebe. Wir hatten ein gutes Leben, und ich mochte ihn sehr, aber Liebe war es erst später. Wir hatten in dieser Krankheitsphase die beste Zeit unserer Ehe, und in dieser Zeit habe ich gemerkt: Das ist der tollste Mann überhaupt und der Mann, mit dem ich sehr gerne alt geworden wäre.

Diese Erkenntnis hat mich in der Zeit des Abschiednehmens eigentlich nicht geschmerzt. Im Vordergrund stand für mich dieses unwahrscheinliche Glück, dass ich das erleben darf. Kai war zuvor eher der verschlossene Typ, und plötzlich saßen wir die halbe Nacht zusammen vor dem Kamin und erzählten uns etwas. So kannte ich ihn gar nicht. Er kümmerte sich so liebevoll um uns und freute sich so sehr daran, mir eine Freude zu machen und mich dann lachen zu sehen, wenn er wieder mal irgendetwas vorbereitet hatte. Kai lebte einfach so, wie er sich fühlte, und er ging seinen Bedürfnissen nach. Er fing zum Beispiel an zu backen, obwohl er noch nie gebacken hatte.

Dieser Moment, als er mir seinen ersten Kuchen präsentierte, dieses Strahlen in seinem Gesicht, so stolz auf sich, so stolz auf mich – das war irre. Er suchte viel mehr als früher meine Nähe und umarmte mich. Als wäre eine Hülle von ihm abgefallen. Er war einfach da, lebte und gab so viel Liebe. Nicht nur mit Taten, auch mit Worten und einzigartigen Berührungen. Früher sagte er: »Würde ich dich nicht lieben, wäre ich nicht mit dir verheiratet.« Es hat sich dann geändert, und ich habe diese Wärme wirklich gespürt. Als hätten wir uns auf einer ganz anderen Ebene befunden, die man im Alltag nicht haben kann. Ich bin dankbar, dass ich meinen Mann so erleben durfte.

Wir hatten allerdings auch noch eine schlimme Zeit, die Zeit seiner Fentanylsucht, an der alles fast wieder zerbrochen wäre. Dieses Fentanyl hatte er auf der Palliativstation gegen die Schmerzen bekommen. Kai nahm das Spray immer, auch wenn die Schmerzen vielleicht nicht mehr so groß waren. Sein Kopf dachte, dass er das alles ohne das Spray nicht aushalten könne. Zuerst reichte eine Flasche vier bis fünf Wochen, am Schluss nicht einmal mehr einen Tag. Er war nicht mehr er selbst. Schließlich stellte ich ihm ein Ultimatum: »Entweder machst du einen Entzug, oder ich lasse mich scheiden.« Ich konnte es nicht weiter ertragen. Er wurde verbal und körperlich sehr aggressiv. Kai war im Grunde ein Junkie auf Entzug. In dem Moment aber, in dem er mir ernsthaft zeigte, dass er von den Mitteln loskommen will, zeigte ich ihm, dass ich bereit war, den Weg des Entzugs mit ihm zu gehen – notfalls auch ohne Entzugsklinik. Und wir haben es hinbekommen.

Ab Ende August 2011 ging es drastisch bergab. Wenn ich von der Arbeit kam, erschrak ich regelmäßig, wie sehr der Zerfall selbst innerhalb eines Tages fortschreiten konnte. Kai war aber immer noch zugange und strich das Haus. Er hat ja ständig versucht, alles in bester Ordnung zu hinterlassen, damit ich mich nach seinem Tod um nichts kümmern müsste. Abends war er völlig kaputt, und nachts nahmen die Halluzinationen zu. Die Tortur wurde immer größer, und ich glaube, es war in dieser Zeit, dass ich anfing, mich innerlich von Kai zu lösen. Man spürt irgendwie, dass das Ende erreicht ist, für den Patienten, der kaum mehr geradeaus laufen kann, und für sich selbst. Das Ende muss auch irgendwann erreicht sein, weil alles andere nicht mehr auszuhalten ist. Wir hatten alles besprochen, hatten geklärt, wie er sich seine Beisetzung vorstellt, welche Lieder er möchte. Er sagte auch immer, dass es ihm egal sei, wo er tot umfalle, Hauptsache Nils und ich kämen da gut durch. Wir haben uns auf die Palliativstation geeinigt. Er kannte die Station, war da zuvor schon einige Male gewesen. Das sollte die letzte Wegstation sein.

Am Tag von Nils' Einschulung konnte Kai nicht mehr aufstehen. Er musste sich übergeben und hatte, wie sich im Nachhinein herausstellte, Hirnhautmetastasen. Ich war mit Nils alleine in der Schule und habe geweint. Kais Ziel war erreicht, er hatte diesen Tag erlebt, doch ich merkte, es geht bergab. Er nahm an dem Geschehen zuhause gar nicht mehr teil. Er nutzte den Tag vielmehr, um von zuhause Abschied zu nehmen, und ging durch den Garten. An nahezu jedem Busch musste er sich übergeben. Am Tag nach der Einschulung kam Kai auf die Palliativstation. Er wusste, dass er dieses Mal nicht mehr nach Hause zurückkehren würde. Das fiel ihm sehr, sehr schwer. Die ersten zwei Tage baute er dort erneut stark ab und spuckte viel Blut. Nun war er froh, dort sein zu dürfen, und ich war dankbar, dass er das so sehen konnte. Die Zeit in der Palliativstation war noch einmal sehr, sehr schön. Wir hatten diesen Frieden und spürten eine unendliche Liebe füreinander. Das war so wunderbar und so toll, dass sich kein Gefühl von Traurigkeit bei mir ausbreitet, wenn ich an diese Zeit des Abschieds zurückdenke. Man kann nicht näher zusammenrücken, als wenn man gemeinsam dem unweigerlichen Tod ins Auge blickt. Wir gingen Hand in Hand und ließen uns dann los. Der eine links, der andere rechts. So erklommen wir gemeinsam den Gipfel, und Kai ist dann davongeflogen. Ich saß da und atmete tief aus. Bei mir kehrte eine große Ruhe ein. In mein Herz, in meinen Alltag, in mein Leben, das sehr anstrengend war. Immer hatte ich unter Strom gestanden, hatte immer erreichbar sein müssen, ständig hatte ich in Angst gelebt. Es macht mich jetzt glücklich und froh – so makaber es klingt –, dass Kai mir diese Zeit der Ruhe schenken konnte.

Ich glaube, Kai konnte gehen, weil er wusste, dass er eine Frau hinterlässt, die sehr wahrscheinlich alles hinkriegt. Wenn man das als Kranker und Sterbender weiß, fällt das Abschiednehmen sicherlich leichter. Er wusste, dass ich den Vorsatz hatte, dass alles gut wird. Seinen Todeskampf musste er aber trotzdem sehr lange austragen, vier Tage lang. Ich selbst war in dem Moment, als er ging, leider nicht dabei. Gewünscht hatte ich es mir sehr. Aber an dem Abend, als er starb, zog es mich abends noch einmal zu ihm, und ich war bis kurz vor zehn bei ihm. Es war eine ganz friedliche Stimmung, ich erzählte ihm von meinem Tag. Zwischendurch hörte er immer wieder auf zu atmen und holte dann doch Luft. Ich küsste ihn und sagte ihm, dass er jetzt gehen kann. Ich versprach ihm, dass ich mit Nils klarkommen würde, dass wir es hinkriegen würden und dass er alles so gut vorbereitet habe. Er könne loslassen und gehen und sich von seinem Leid erlösen. Ich ging dann nach Hause und war völlig gelöst, als wäre etwas von mir abgefallen. Ich glaube, er ist gestorben, noch bevor ich beim Auto war. Meine Mutter und meine Schwester waren bei mir, und ich wollte mit ihnen auf das Leben anstoßen. Da war Kai definitiv schon bei uns. Wahrscheinlich hat er mit uns angestoßen: »Lass krachen, Mädchen!«

Ich kriege es zwar auch fünf Jahre nach Kais Tod nicht auf die Reihe, einen Partner an meiner Seite zu haben, aber mein Leben ist schön so, wie es ist. Ich habe einen tollen Lebensinhalt, habe einen guten Job, und vor allem habe ich einen wunderbaren Sohn. Ich bin so froh, dass auch Nils alles gut verkraftet hat. Er ist ein lebensfroher Junge, und wir können zusammen lachen. Was ich sehr zu schätzen weiß, ist, dass wir im Augenblick leben können.

Wenn ein Moment gut ist, dann sauge ich ihn auf. Das ist mein Lebenselixier. Und wenn wir fröhlich sind, genieße ich es in vollen Zügen, auch wenn manche Menschen vielleicht finden, dass ich zu wenig traure.

Ich weiß nicht, woher ich das Rüstzeug nehme, mit dieser Erfahrung so gut umzugehen. Meine Familie ist, was Krebs angeht, vorbelastet. Meine Mutter bekam jung Unterleibskrebs, da war ich neun Jahre alt. Später bekam mein Vater Leukämie. Bei beiden sagten die Ärzte: »Das wird nichts mehr.« Doch bis heute erfreuen sich beide bester Gesundheit. Ich bin mir aber nicht sicher, ob ich durch diese Erfahrungen so stark bin. Ich weiß nur: Wenn mir jemand vor zehn Jahren gesagt hätte, wie ich heute damit umgehe, hätte ich ihm den Vogel gezeigt. Niemals! Während der Krankheitszeit habe ich aber gemerkt, wie man an solchen Situationen wachsen kann. Ich habe in dieser Zeit so sehr zu mir selber gefunden, dass es sich gut anfühlt. Ich bin jetzt bei mir, weil ich gelernt habe, was mein Leben wert ist. Und es ist nicht weniger wert, weil Kai gestorben ist. Im Gegenteil: Vielleicht noch ein bisschen mehr, weil ich noch da bin. Trotz der genetischen Vorbelastung bin ich nämlich nicht krebskrank, sondern gesund. Ich will mein Leben nicht wegwerfen. Wir alle kommen auf die Welt und sterben. Der Tod gehört zum Leben dazu wie die Geburt. Jeder wird sich dem stellen müssen. Man muss dem Tod die Bedrohlichkeit nehmen. Ich habe keine Angst mehr vor dem Tod und vor dem Sterben und ich glaube daran, dass die Straße Kai und mich am Ende wieder zusammenführt.

»Ich hätte nie gedacht, dass ich ohne meinen Mann und meine Kinder leben könnte.«

Für Constanze Falkenberg hat sich alles um die Familie gedreht. Bis ein Autounfall ihr Leben völlig veränderte.

Ja, ganz sicher, mein Mann und ich, wir waren füreinander bestimmt, das war von Anfang an klar. Wir lernten uns bei der Arbeit kennen. Nach meinem dualen Studium der Betriebswirtschaft arbeitete ich zehn Jahre in meinem Ausbildungsbetrieb. Hier traf ich auf Jörg, der als frischgebackener Entwicklungsingenieur zu uns nach Karlsruhe gekommen war. Es war die sprichwörtliche Liebe auf den ersten Blick, ich kann es gar nicht anders nennen. In allem lagen wir auf derselben Wellenlänge, und uns war sofort klar, dass wir zusammengehörten. So war es nur konsequent, dass wir schnell ein Paar wurden und schon kurze Zeit später heirateten. Was dann folgte, war eine ganz besondere, sehr tiefe Beziehung. Ein Jahr nach der Hochzeit kam 1999 unsere erste Tochter Vanessa zur Welt, zwei Jahre später Erik und 2005 unsere zweite Tochter Amelie. Die Familie war mein Lebensinhalt und mein ganzes Glück. Ich zog mich aus dem Berufsleben zurück und war Vollzeit- und Vollblut-Mutter. Ich hatte einen großartigen

Mann und wundervolle Kinder. Es war ein wirklich erfülltes Leben. Dass das alles von einer Sekunde auf die nächste enden könnte, daran hätte ich nicht im Traum gedacht.

Als unsere Kinder sieben, elf und dreizehn Jahre alt waren, hatten wir – wie so oft in den Jahren zuvor – wieder einmal die Ferien genutzt, um Jörgs Eltern in Nürnberg zu besuchen. Wir verbrachten eine schöne Zeit mit der Familie und machten uns nach dem gemeinsamen Kaffee auf den Heimweg. Auf der Autobahn war viel los. Mein Mann fuhr auf der linken Spur, nicht besonders schnell, denn der Verkehr stockte immer wieder. Ich weiß noch, dass ich sagte: »Mann, heute geht wieder gar nichts, wir schleichen hier vor uns hin und wollen doch heim.« Was ich zu dem Zeitpunkt nicht wusste: Das sollte unser letztes Gespräch sein.

Plötzlich wurde mir bewusst: Irgendetwas stimmt nicht. Aber noch bevor dieser Gedanke wirklich zu Ende gedacht war, bemerkte ich, dass ein LKW von der anderen Autobahnseite bedrohlich schnell direkt auf uns zuraste. Er brach durch die Leitplanke und fing Feuer. Das letzte, was ich sah, war wie der LKW umfiel. Ich spürte noch den Aufprall, einen heftigen Schlag, aber dann wurde es schwarz um mich herum. Heute weiß ich, dass wir mit ungefähr 80 Stundenkilometern mit dem umgestürzten LKW zusammengeprallt waren.

Das nächste, woran ich mich erinnere, ist, dass unser Auto stillstand. Ich schnallte mich ab und versuchte, die

Beifahrertür zu öffnen. Sie klemmte, und ich musste ihr einen Tritt geben. Vor dem Aussteigen rief ich in Richtung Rücksitz: »Kinder, abschnallen, aussteigen!« Doch da meldete sich niemand. Keine Reaktion. Und in diesem Augenblick nahm ich auch wahr, dass das Auto brannte. Ich schaute nach hinten zu den Rücksitzen, aber dort war alles dunkel. Es wurde still um mich herum. Und plötzlich hatte ich so ein Bewusstsein: »Sie sind schon weg.« Ich schaute noch einmal in das Auto hinein und musste begreifen, dass auf der Fahrerseite gar nichts mehr war, kein Sitz, kein Lenkrad, gar nichts. In dem Moment wusste ich, dass ich nichts mehr tun konnte, als von dem brennenden Auto wegzugehen.

»Sie sind schon weg«, diese Worte besitzen bis heute eine ganz große Bedeutung für mich, denn dieses Bewusstsein ließ es zu, dass ich meine Familie schon in dieser Nacht gehen lassen konnte. Ich wusste, sie waren zusammen. In diesem Moment tröstete mich vor allem auch der Gedanke, dass Jörg immer ein tolles Verhältnis zu unseren Kindern gehabt hatte. Ich war mir sicher, dass die vier dort, wo sie jetzt waren, auch gut ohne mich zurechtkommen würden. Für mich war es ein Segen, dass ich diese Gewissheit hatte und deshalb sagen konnte: »Ich lasse euch gehen.«

Ich weiß nicht mehr, wie viel Zeit seit dem Aufprall vergangen war, aber irgendwann stand eine andere Autofahrerin hinter mir, die mir helfen wollte. Erst da begriff ich, dass ich selbst verletzt war, denn ich hatte Schmerzen und bekam kaum noch Luft. Die Frau setzte sich mit mir auf die Leitplanke, und während wir zusahen, wie unser Auto lichterloh brannte, sagte ich zu ihr: »Da verbrennt jetzt meine Familie.« Mein Mann und meine Kinder, das weiß ich inzwischen, waren alle gleich beim Aufprall verstorben. Sie hatten sehr schwere Kopfverletzungen erlitten. Es war tatsächlich eine kleine Erleichterung für mich, zu wissen, dass meine Familie zumindest nicht hatte leiden müssen.

Irgendwann – ich hatte das Zeitgefühl vollkommen verloren – kam ein Krankenwagen und nahm mich mit. Die erste Nacht im Krankenhaus war entsetzlich. Ich lag auf der Intensivstation, nur durch einen Vorhang von einem laut schnarchenden Mitpatienten getrennt. Ich fand trotz Schmerz- und Schlafmitteln keinen Schlaf, und ständig kreisten zwei Fragen durch meinen Kopf: »Wie mache ich jetzt bloß weiter?« und »Was hat Gott mit mir vor, dass er mich da alleine aus dem Auto hat aussteigen lassen?«

Ich musste noch einige Tage und Nächte im Krankenhaus bleiben, und auch diese waren von der Konfrontation mit dem erlittenen Verlust geprägt. Aber trotz meiner Trauer, trotz des Schmerzes begann ich schon damals ganz konkret darüber nachzudenken, wie es weitergehen sollte. Ich war ehrenamtlich engagiert und hatte schon länger Feierlichkeiten für einen Verein geplant, die in Kürze stattfinden sollten. Und in mir lag einfach dieses Verantwortungsgefühl, dass ich daran weiter arbeiten müsse. Also habe ich mich tatsächlich schon im Krankenhaus wieder mit den Planungen beschäftigt. Für alle um mich herum war das völlig unverständlich, aber ich dachte: »Es kann doch nicht sein, dass die Welt nun stillsteht.« Das war völlig indiskutabel für mich.

Eine Woche nach meiner geplanten Entlassung aus dem Krankenhaus sollte die Beerdigung stattfinden. Für mich bedeutete das, dass ich vier Urnen aussuchen musste, doch das erschien mir unmöglich. Ich spürte, dass ich vor einer Aufgabe stand, die ich nicht ohne die Hilfe meiner Lieben schaffen würde. So saß ich dann auf dem Krankenhausbett mit einem Katalog voller Urnenbilder, der sich so schwer anfühlte, dass ich nicht einmal die erste Seite aufschlagen konnte. Plötzlich kam der dringende Wunsch in mir auf, einen Gegenstand, etwas Greifbares von Jörg bei mir zu haben. Sein Ehering kam mir in den Sinn, und so fragte ich beim Beerdigungsinstitut nach, ob man vielleicht nach dem Ehering meines Mannes schauen könne, und tatsächlich wurde er mir tags darauf in einem roten Samtsäckchen überreicht, das ich den ganzen Tag fest in der Hand hielt und wie einen Schatz hütete. Nicht einen Moment ließ ich das Säckchen aus den Augen, nahm es sogar mit zur Toilette. Ich wollte den Ring erst auspacken, wenn ich diese widerwärtige Arbeit erledigt und diese bescheuerten Urnen ausgesucht hatte. Mit dem erstaunlicherweise unversehrten Ring in der Hand hatte ich dafür die nötige Kraft.

Mein Vater übernahm den ganzen Papierkram für mich. Man kann sich gar nicht vorstellen, was alles daran hängt, wenn man eine Beerdigung für vier Menschen organisieren muss. Überhaupt erfuhr ich durch meine Familie eine riesige Unterstützung. Meine Schwester war vom ersten Tag an ununterbrochen für mich da. Wir hatten vorher keine wirklich enge Beziehung, doch in dieser Zeit entwickelte sich etwas sehr Besonderes. Sie war immer an meiner Seite und ließ alles für mich stehen und liegen. Nach der Zeit im Krankenhaus zog ich zunächst für acht Wochen zu meiner Mutter. Sie gab mir Halt und bewirtete in der ersten Zeit die unzähligen Menschen, die mich besuchten. Es gab einen regelrechten Besucheransturm, das war wirklich Wahnsinn. So viele kamen, hörten mir zu, fühlten mit mir und ließen mich wissen: Wir sind hier, wir sind für dich da. Wenn ich irgendetwas brauchte, riss sich jeder mindestens ein Bein aus, um es mir zu bringen. Ich wohne in einem kleinen Dorf mit nicht einmal 2000 Einwohnern und habe hier sehr viele Freunde und Bekannte. Nach dem Unfall erkannte ich etwas, das mir zuvor in diesem Ausmaß nicht bewusst gewesen war: Es gab ganz viele Menschen, die mich, meine Kinder und meinen Mann sehr schätzten und dies auch zum Ausdruck brachten. Und was ich auch als großes Geschenk erfuhr: Ich durfte einfach ich sein. Ich glaube, das hat mir sehr dabei geholfen, dass ich heute so mit diesem Schicksalsschlag umgehen kann.

Viel Zeit verbrachte ich auch mit dem Entwurf der Grabsteine. Dieser letzte Dienst an meiner Familie war ein weiterer Teil der Verarbeitung.

Wer trauert, zieht sich unweigerlich zurück. Das ist ein wesentlicher Bestandteil des Trauerns. Es ist zum Beispiel ein furchtbar unangenehmes Gefühl, wenn man zum Geburtstag des Nachbarn eingeladen wird und nicht wie zuvor zu fünft, sondern alleine hingehen soll. Ich habe mich manches Mal sehr überwinden müssen, aber ich durfte erfahren, dass ich, wenn ich erst einmal den Schritt über die Türschwelle geschafft hatte, herzlich willkommen war. Das Wissen, sich auch in einer solchen Situation nicht ausgeschlossen zu fühlen, sondern angenommen zu sein, war für mich eine große Hilfe. Mir tat es auch von Anfang an gut, über meine Familie und den Unfall zu sprechen. Ich glaube, diese Fähigkeit hat sehr viel dazu beigetragen, dass ich das Erlebte verarbeiten konnte. Ich ging einfach auf die Menschen zu und engagierte mich weiter in der Pfarrgemeinde und in meinem Musikverein. Auch der Sport – vor allem das Laufen – gab mir die Gewissheit, einen Weg zurücklegen zu können. Die Menschen um mich herum waren froh darüber, denn so fiel es ihnen leichter, mit mir umzugehen. Sich vergraben, hadern und verzweifeln – damit macht man es auch den anderen nur noch schwerer.

Nach den acht Wochen bei meiner Mutter zog ich mit einem guten Freund in unser viel zu großes und viel zu stilles Haus zurück.

Als ich es zum ersten Mal nach alledem wieder betrat, spürte ich sofort ganz deutlich: Das hier ist mein Zuhause, hier will ich sein. Ich beschwerte mich zuallererst darüber, dass niemand die Blätter meiner vertrockneten Blumen zusammengefegt hatte. Darüber konnten wir dann schon lachen, weil das natürlich völlig hanebüchen war. Indem ich mich immer öfter auch wieder um die banalen Dinge des Lebens sorgte, konnte langsam ein neuer Alltag einkehren. Jörg und die Kinder hätten niemals gewollt, dass ich unser Zuhause vernachlässige, dass ich alles hängen lasse – vor allem nicht mich selbst.

Von Anfang an spürte ich sehr oft ihre Gegenwart im Haus. Diese Momente sind mir auch heute noch sehr wichtig, wobei ich sie mittlerweile überall um mich herum spüre. Sehr bald begann ich auch, einiges im Haus zu verändern. Die Kinderzimmer habe ich noch vor dem Einzug ausgeräumt. Das war eine sehr aufreibende, kräftezehrende Arbeit. Nächtelang saß ich inmitten der Kleider, Spielsachen, Schulsachen und Habseligkeiten meiner Kinder. Zwischen die bitteren Abschiedstränen mischten sich auch frohe Momente, in denen kleine Botschaften und Dinge mir immer wieder zeigten, wie glücklich die Kinder gewesen waren. Dieses Auf und Ab war oft kaum zu ertragen, aber die Auseinandersetzung mit den vielen Erinnerungen hat mir auch sehr beim Verarbeiten geholfen. Ich erlebte das als meinen eigentlichen Abschied. Ich richtete Eriks Zimmer so ein, dass ich dort die Gegenstände verwahren konnte, die ich behalten wollte. Von meiner Tochter habe ich dort zum Beispiel eine Tasche und Schuhe, die mich an einen glücklichen Urlaub erinnern. Ich habe in Eriks Zimmer auch die ersten Schuhe aller meiner Kinder aufbewahrt. Mein Sohn liebte Hüte und hatte eine riesige Hut-Sammlung. Bis heute habe ich es nicht geschafft, auch nur einen dieser Hüte herzugeben. Auch den Ehering meines Mannes bewahre ich an einem besonderen Ort auf.

Früher bin ich mit Leib und Seele Hausfrau und Mutter gewesen. Das war für mich Lebensinhalt und ein Traumjob, den ich sehr, sehr geliebt habe. Nach dem Unfall musste ich mich völlig neu orientieren. Ich hatte schon immer viele Ideen und Träume, wollte immer noch etwas Neues lernen. Und das tat ich dann auch: Im April 2014 begann ich eine Ausbildung zur Physiotherapeutin, trieb viel Sport und startete sogar meinen ersten Triathlon.

Ich war schon immer ein sehr gläubiger Mensch und bin überzeugt, dass wir alle ein Schicksal haben, das wir annehmen müssen, wenn die Zeit dafür gekommen ist. Der Glaube ist es, der mich dabei trägt – und vielleicht sogar noch etwas mehr: das Wissen, dass die vier beisammen sind und dass es ihnen gut geht. Ich bin sehr dankbar dafür, dass ich drei wundervolle Kinder und eine ganz besondere Beziehung zu einem ganz besonderen Mann haben durfte. Das alles ist für mich mit sehr schönen Erinnerungen verbunden. Nie habe ich mir die Frage nach dem Warum gestellt, denn es gibt einfach keine Antwort. Wenn so etwas passiert, dann passiert es. Schuldzuweisungen und Vorwürfe waren für mich nie ein Thema, obwohl sie Inhalt vieler Gespräche waren.

Sicher, es gibt den LKW-Fahrer, der den Unfall verursacht hat. Es gab eine Verhandlung gegen ihn, er wurde wegen fahrlässiger Tötung angeklagt. Es scheint ein Reifenproblem bei ihm gegeben zu haben, zu dem zahlreiche Gutachten erstellt wurden. Letztendlich konnte dem Fahrer keine Schuld nachgewiesen werden. Er wurde freigesprochen. Als ich vom Urteil erfahren habe, fiel mir ein Stein vom Herzen, denn ich glaube, dass der Mann ohnehin schon eine große Last auf seinen Schultern tragen muss, allein aufgrund der Tatsache, dass er den LKW gefahren hat. Ich ließ ihm schon in der Unfallnacht durch den Seelsorger bestellen, dass ich ihm keine Vorwürfe mache. Ich habe mich auch sehr bewusst dafür entschieden, meine Erfahrungen weiterzugeben, meine Geschichte zu erzählen. Wenn ich damit anderen Menschen Mut machen oder etwas Hoffnung schenken kann, dann macht mich das glücklich. Ich möchte einfach zeigen: Man kann etwas Schlimmes erleben, aber man darf trotzdem weitergehen. Denn man lebt noch.

Von Erfahrungen und Konsequenzen

Wenn Sie die Geschichten von Petra Thomas, Anja Lauck-ner, Christian Kurmann und Constanze Falkenberg ge-lesen haben, dann haben Sie wahrscheinlich das Bedürf-nis, Ihre Gedanken und Gefühle etwas zu ordnen. Dazu kommen wir gleich, wenn Angelika Kallwass aus professi-oneller psychologischer Perspektive auf das Thema Wende-punkte schaut. Aber vorher möchte ich unseren Erfah-rungshorizont noch ein wenig erweitern. Mit Erfahrun-gen von *Nachtcafé*-Gästen im Grenzbereich und ihren Konsequenzen.

Im freien Fall

Es gibt Gäste im *Nachtcafé*, die die Schlüsselereignisse in ihrem Leben so plastisch schildern, dass sie sich nachhal-tig einprägen. Ein erfahrener Bergsteiger sprach bei uns über den Moment, als er abstürzte und in eine 500 Meter tiefe Schlucht fiel. Er schilderte, wie er mit dem Leben in diesen Sekunden des Sturzes abschloss. Wie er ganz be-wusst reflektierte, dass es nun vorbei sei. Und er erinnerte sich noch sehr lebendig daran, dass er mit der unabwend-baren Perspektive seines Todes das Gefühl verband, das sei nicht gerecht. Schließlich habe er ein kleines Kind und noch Aufgaben im Leben.

Wie durch ein Wunder kam er nach 37 Metern auf einer flacheren Stelle auf. Sein Sturz wurde vom Rucksack etwas gedämpft. Schwer verletzt, aber am Leben, begann für den Bergsteiger die Zeit des Wartens. Eine ganze Stunde war er allein mit sich und seinen Gedanken, bis die Bergrettung kam: »Dann kam ein Retter angeschwebt wie ein Engel. Hängend an diesem Hubschrauber schwebte er zu mir.« Danach Krankenhaus, Operationen, Trümmerbrüche.

Und die Konsequenz aus all dem? Eine Tochter, die er rückblickend vernachlässigt hatte, bekam mehr Aufmerksamkeit. Und er wusste plötzlich, wie er sich fühlen will, wenn er einmal wirklich sterben muss:

»Nämlich nicht so, dass ich irgendetwas liegen gelassen habe auf dieser Welt. Ich will die Dinge zu Ende gebracht haben, dann kann ich in den Tod anders reingehen. Wir sollten uns alle mit der Wahrscheinlichkeit beschäftigen, dass wir jederzeit aus dem Leben gerissen werden können.«

Bilder im Kopf

Es gibt die Wendepunkte durch Erfahrungen im Grenzbereich, die uns nachhaltig positiv beeinflussen. Aber es gibt auch die Erinnerungen, die uns verfolgen können. Eine Frau hatte wie durch ein Wunder ein Seilbahnunglück überlebt. 155 Menschen starben. Die Bilder vom Unglück tauchen auch heute noch in ihrem Kopf auf:

»Egal, wo du bist, was du tust, es begleitet dich dein Leben lang, und es nimmt sich jeden Tag seinen Platz. Es ist deine Geschichte. Du willst es nicht, aber es gehört einfach zu dir. Leider. Es ist so. (…) Ich dachte immer, ich schaffe das alleine. Das ist ein Fehler. Das ist absolut unmöglich alleine zu schaffen.«

Nicht jeder kann nach tragischen Wendepunkten allein den Weg zurück ins Leben finden. Viele sind traumatisiert und benötigen professionelle Hilfe. Menschen, die große Katastrophen überleben, erzählen uns immer wieder, dass sie die Frage plagt, warum sie überlebt haben und so viele andere den Tod fanden.

Ein Überlebender der Loveparade in Duisburg kämpft schon seit Jahren mit den Erinnerungen an den Tag, der zum großen Wendepunkt seines Lebens wurde. Das Gefühl von Hilflosigkeit während des Unglücks, die Bilder von um Hilfe schreienden Menschen, die sich immer wieder in den Alltag einschleichen. Die Wut auf die Polizisten, die nicht halfen, sondern die Situation für die Menschen ungewollt noch schwieriger machten. Dazu noch sogenannte Flashbacks, Erinnerungsblitze, die plötzlich und ungesteuert auftauchen können. In unserer Sendung »Das Leben mit der Angst« zog er nach Jahren Bilanz:

»Ich habe die Angst akzeptiert. Als Teil meines Lebens. Auch ein Leben mit Angst kann ein lebenswertes Leben sein. Von dem Haufen Elend bis jetzt sind es fünf oder sechs Jahre. Noch zehn, und ich denke, ich falle nicht mehr auf. Dann habe ich gelernt, mit der Angst zu leben, ohne aufzufallen. Dann funktionieren auch wieder viele Dinge, weil man dann auch wieder andere Möglichkeiten findet. Jeder braucht seine Zeit. Der eine fünf, der andere zehn, der andere zwanzig Jahre. Aber es geht immer ein bisschen voran. Zwei Schritte vor, einen Schritt zurück.«

Auswege

Wir sehen die Bandbreite von Wendepunkten. Die selbstbestimmten Wendepunkte, die wir als Befreiung empfinden. Als Weg hin zu einer Identität, die unserem wahren Ich viel mehr als unser Leben vorher entspricht. Die Wendepunkte, die uns anzählen, ausknocken, in die Hilflosigkeit stürzen. Wendepunkte, von denen wir uns möglicherweise ohne fremde Hilfe nicht erholen. Wie können wir mit Wendepunkten so umgehen, dass wir sie für uns nutzen? Wann ist der Zeitpunkt für einen selbstbestimmten Wendepunkt gekommen? Was darf ich von meiner Umwelt erwarten, ohne sie zu überfordern? Und welche Anlaufstellen gibt es, wenn ich nach persönlichen Katastrophen nicht mehr weiterweiß?

Zum *Nachtcafé* gehören neben den Gästen, die aus ihrer Erfahrungswelt berichten, in der Regel auch Experten, die eine Brücke zur Wissenschaft schlagen und gleichzeitig in engem Kontakt zur Praxis stehen. Angelika Kallwass hat uns in mehreren *Nachtcafés* als Expertin unterstützt. Sie ist eine erfahrene Psychotherapeutin und hat viele Menschen vor und nach Wendepunkten begleitet. Durch die bisherigen Geschichten ist Ihnen die Dimension des Themas bewusst. Was tun, wenn nach Wendepunkten plötzlich alles anders ist?

Wendepunkte des Lebens

Von Angelika Kallwass

»Der Kampf mit eigenen seelischen und körperlichen Verletzungen, der Kampf um Selbstbestimmung und schließlich der erfolgreiche Weg zu einem selbstbestimmten Leben«, so beschreibt Michael Steinbrecher die Geschichten der Menschen, denen wir in diesem Buch begegnen. In meine Praxis kommen viele Menschen, die Angst haben, dem Leben nicht standhalten zu können, und auf der Suche nach Wegen sind, um mit Lebenskrisen umzugehen.

Als ich begann, diesen Text zu schreiben, fragte ich mich, was ich eigentlich unter einem psychischen Wendepunkt verstehen könnte. In der Mathematik ist der Wendepunkt, sehr vereinfacht ausgedrückt, ein Punkt auf einer gezeichneten Linie, an dem die Linie eine Krümmung in eine Rechts- oder Linkskurve macht. Mir wurde klar, dass es bei uns Menschen eine Parallele gibt, wenn wir unsere Lebenslinie als eine solche Linie betrachten, die viele Wendepunkte enthält, an denen unser Leben nicht gradlinig verläuft, sondern eine Wendung erfährt.

Unsere Lebenslinie

Viele Lebenszyklen und Entwicklungsphasen, die wir als Wendepunkte erleben, sind, wenn wir es genau betrachten, schlichtweg damit verbunden, dass wir als Menschen geboren sind und als solche bestimmte Entwicklungsphasen durchlaufen. Wir werden geboren, wir bekommen Geschwister, wir werden eingeschult, wir ziehen um, wir erleben die erste Liebe, wir verlassen das Elternhaus, wir kriegen einen Job, wir heiraten und werden Eltern, die Großeltern sterben, wir werden älter, die Eltern sterben, wir werden Großeltern, wir werden Rentner ... Das ist der mehr oder weniger normale Verlauf des Lebens.

Aus meiner psychotherapeutischen Praxis weiß ich, dass jeder dieser »normalen« Wendepunkte mit einer Verletzung oder einem Trauma, also einer schweren seelischen Verletzung, verbunden sein kann. Die Symptome können sich erst Jahrzehnte später entwickeln, wenn eine Situation auftritt, die mit der traumatisierenden Situation Ähnlichkeiten hat und sich mit der verdrängten ursprünglichen Situation verknüpft. Der Neid und die Eifersucht auf einen neuen Mitarbeiter verknüpft sich – unbewusst – mit der Eifersucht und dem Neid bei der Geburt eines Geschwisterkindes. Der Betroffene fühlt sich seinen Gefühlen ausgeliefert und versteht nicht, was mit ihm los ist.

Ein sog. Posttraumatisches Belastungssyndrom (PTBS) kann sich auch Jahrzehnte später zeigen, manchmal sogar erst in der nächsten Generation aufbrechen, wie wir Psychotherapeuten das bei einigen Menschen wahrnehmen, die Traumata der Eltern und Großeltern unbewusst in sich aufgenommen haben und in sich tragen – wie Krieg, Flucht, Vertreibung, Vergewaltigung, Tod von Kindern,

Müttern, Vätern, die damals nicht betrauert wurden oder werden konnten (transgenerative Traumata).

Seelische Verletzungen können sehr unterschiedlich wahrgenommen werden. Verletzungen, die von Menschen in voller Absicht geschehen, wie Gewaltverbrechen, Krieg, Terror, auch Terror am Arbeitsplatz, verändern unser Selbst- und Weltverständnis wohl am stärksten. Naturkatastrophen, Unfälle und auch plötzliche Erkrankungen sind Schicksalsschläge, höhere Gewalt oder einfach menschliches Versagen. Sie erschüttern unser Vertrauen in die Sicherheit und die Beherrschbarkeit unserer Welt, aber nicht unser Vertrauen und unseren Glauben an uns Menschen.

Unsere Seele reagiert auf solche Ereignisse mit verschiedenen psychischen, körperlichen und sozialen Symptomen wie Angst, Aggressivität, Depressivität, Schlafstörungen, Rückzug und sonstigen Verhaltensänderungen. Aber nicht jede aus der Verzweiflung geborene Reaktion ist als krankhaft einzustufen. Diese Reaktionen gehören meist zur normalen Bewältigung einer Krise und klingen in vielen Fällen wieder von alleine ab. Sie können aber auch andauern und zu schwerem subjektiven Leid bis hin zur Suizidalität führen.

Resilienz – eine Lebenskunst

Als ich die Geschichten der Gäste des *Nachtcafés* las, erinnerte ich mich an eine Geschichte, die ich selbst als Gast der Sendung erlebt hatte. Ich erinnerte mich an die

Begegnung mit zwei jungen Männern – zwei Brüdern –, die als Kinder bei der Tsunami-Katastrophe auf Sri Lanka 2004 ihre Eltern verloren hatten. Ich hörte ihnen zu und war voller Mitgefühl – und ich war erstaunt, wie lebendig und emotional stabil die beiden waren. Sie erzählten, dass die Großmutter im elterlichen Haus sofort die Fürsorge und Verantwortung übernommen und die Gemeinde die beiden Jugendlichen mit großem Einsatz unterstützt habe.

Was genau hat die beiden jungen Männer befähigt, mit diesem Trauma umgehen zu können? War es einfach die Liebe, das Mitgefühl, das große Netzwerk, das sie aufgefangen hat? War es der Glaube, von dem der Ältere sprach?

Vor meinem inneren Auge tauchte einer meiner früheren Patienten auf, ein junger Mann mit einer schweren Depression, gekennzeichnet durch Phasen von Trauer und Rückzug, Verwirrung und großer Angst. Er hatte die Befürchtung, wegen der vielen Klinikaufenthalte seinen Job zu verlieren. Eines Tages fasste er den Mut, mir zu sagen, dass er homosexuell sei, seine Homosexualität aber noch nie gelebt habe, da er seine Eltern, vor allem seine streng katholische Mutter, nicht enttäuschen wolle.

Während des Klinikaufenthalts hatte er einen jungen Mann kennengelernt, der aus einer sehr gutbürgerlichen Familie stammte, das jüngste von drei erfolgreichen Geschwistern war und ebenfalls zum ersten Mal offen über seine Homosexualität sprach. Beide wiesen mich auf meine Schweigepflicht hin. Nach dem Klinikaufenthalt begannen sie unabhängig voneinander eine Therapie, sprachen aber mit ihren Eltern nicht über ihren Grundkonflikt: ihre Sehnsucht, ihre Homosexualität leben zu können auf der einen Seite, auf der anderen Seite ihre Angst, bei einem Outing aus der Familie verstoßen zu werden.

An einem Morgen erschien mein Patient nicht zur Therapiestunde. Mit der Morgenpost erhielt ich einen Brief, in dem er mir mitteilte, dass er sich mit seinem Freund bei Sonnenaufgang am Rhein suizidieren werde. Sie wollten Abgase in das Auto leiten. Er bedankte sich bei mir für meine verständnisvolle Begleitung. Der Selbstmord ist ihm gelungen. Als ich die Mutter anrief, um ihr mein Beileid auszusprechen, und nachfragte, ob sie wisse, dass der Suizid möglicherweise mit der Angst ihres Sohnes zu tun gehabt habe, sich als homosexueller Mann zu zeigen, sagte sie: »Frau Kallwass, lieber ein toter Sohn als ein schwuler Sohn.« Diesen Satz werde ich nie vergessen.

Ich habe mich danach gefragt, warum sich die beiden jungen Männer nicht zu ihrer Homosexualität bekannt haben. Sind sie ihrer selbst und ihrer Bedeutung für ihre Familien so unsicher gewesen, dass sie lieber zusammen starben als zusammen zu leben und nicht mehr geliebt zu werden?

Bei Hannah Lietz habe ich mich gefragt, was sie befähigt hat, sich trotz der drohenden gesellschaftlichen Konsequenzen in Familie und Beruf für eine Geschlechtsumwandlung zu entscheiden und ihrem Leben eine völlig neue Wendung zu geben? Hatte sie keine andere Wahl, weil Klaus Lietz schon lange nicht mehr, vielleicht auch nie gelebt hat, weil es immer ein Leben als Mädchen und Frau im falschen Körper war? War das ihr Gefühl? Oder hatte HANNAH Lietz so viel Selbstbewusstsein und Selbstvertrauen, dass SIE sich sicher war, ihren Platz in dieser Welt behaupten zu können und von ihrer Familie und Freunden angenommen zu werden?

Vielleicht haben auch Sie schon Krisen in Ihrem Leben überwinden müssen. Sie sind vielleicht verlassen worden, mussten den Verlust eines geliebten Menschen verkraften oder sind selbst schwer erkrankt? Sie kennen vielleicht die Warum-ich-Frage und die Gefühle Angst, Trauer und Wut, die mit dieser Frage verbunden sind? Und die Schwierigkeit, sich aus diesem Loch zu befreien?

Wir wissen alle, dass jeder Mensch seine eigene Zeit braucht und seine eigene Art hat, auf schwierige Erlebnisse im Leben zu reagieren. Bei jedem Ereignis reagieren unsere Seele und unser Körper, unabhängig davon, ob es eine Trennung, eine gefährliche Erkrankung eines geliebten Menschen, eine eigene schwere Erkrankung oder der Verlust des Partners durch Tod ist. Sie verlieren ihr Gleichgewicht.

Es gibt Menschen, die geraten über eine lange Zeit hinweg aus der Balance. Das Erlebte begleitet sie manchmal für den Rest ihres Lebens. Andere scheinen stabil zu sein. Sie gehen in eine pathologische Abwehr ihrer Gefühle durch Verleugnung oder Abspaltung, entwickeln aber nach einiger Zeit chronische Krankheiten und somatische Beschwerden wie Depressionen oder Spannungskopfschmerzen oder Schlaflosigkeit. Und es gibt Menschen, die lassen sich durch schmerzhafte Erlebnisse durchaus erschüttern, ohne dadurch aus der Lebensbahn geworfen zu werden.

Die Wissenschaft hat eine Antwort auf die Frage, welche Menschen durch Lebenskrisen aus der Bahn geschmissen werden, aber wieder aufstehen. Diese Menschen sind resilient. Der Begriff der Resilienz ist der Physik entlehnt und bezeichnet die Fähigkeit eines Werkstoffs, sich verformen zu lassen und wieder in die alte Form zurückzufinden. Menschen wie Hannah Lietz, Petra Thomas und die Autoren der anderen Geschichten sind resilient: Sie sind psychisch belastbar und haben eine innere Stärke, die sie in die Lage versetzte, sich ihren Lebenskrisen zu stellen und sie zu durchleben, ohne daran zu zerbrechen. Sie finden manchmal sogar einen Weg, um aus der Krise gestärkt herauszugehen.

Resilienz durch Bindung

Den Ursprung des Konzepts der Resilienz möchte ich Ihnen nicht vorenthalten. Bereits im Jahr 1955 legte die amerikanische Entwicklungspsychologin Emmy Werner den Grundstein dafür.

Emmy Werner erforschte, ob und wie sich Kinder unter schwierigen Lebensbedingungen zu lebenstüchtigen Menschen entwickeln konnten. In ihrer Langzeitstudie auf der hawaiianischen Insel Kauai beobachtete sie 698 Kinder über 32 Jahre hinweg in ihrer Entwicklung von der

Geburt bis ins Erwachsenenalter. 201 Kinder stammten aus armen Familien und lebten in schwierigen Familienverhältnissen. 72 der Kinder mit belastendem sozialen Hintergrund, also etwa ein Drittel, hatten sich am Ende der Studie gut entwickelt. Sie gingen positiv, optimistisch und verantwortungsvoll ins Leben. Es war ihnen gelungen, trotz risikoreicher Lebensumstände eine Resilienz zu entwickeln.

Emmy Werner fand verschiedene schützende Mechanismen, die sich in der Entwicklung der Kinder gegenseitig beeinflusst und verstärkt hatten. Diese Schutzfaktoren waren im Einzelnen:

1. eine enge emotionale Beziehung zu mindestens einem Familienmitglied, wodurch das Gefühl von Zuverlässigkeit und Sicherheit entstehen konnte

2. das Erleben von Akzeptanz und Respekt durch ein freundliches und offenes Verhalten und das Anpacken und Lösen von Problemen

3. ein unterstützendes Umfeld in der Umgebung der Familie wie die Schule oder auch die Nachbarschaft, das die Kinder ermutigte, selbstständig zu sein, Vertrauen zu entwickeln und initiativ zu werden

4. ein einfühlsamer Erziehungsstil der Mutter, der sich als besonders wichtig erwies.

Die Kinder von Kauai hatten gelernt, dass sie sich auf andere verlassen können, und sie suchten sich in der Not die Hilfe, die sie brauchten.

Weitere Studien im Verlauf der späteren Jahrzehnte bestätigten die Ergebnisse der Kauai-Studie von Emmy Werner.

Zunehmend interessieren sich Forscher für die Menschen, die an seelischen Belastungen nicht zerbrechen, sondern trotz schwieriger Umstände noch daran wachsen. Diese Fragen sind in unserer jetzigen politischen Lage mit Krieg und schwer traumatisierten Flüchtlingen von großer Bedeutung. Die Forschung geht in intensiven Studien drei Fragen nach:

1. Wieso können Kinder selbst bei Armut, Vernachlässigung oder sogar Misshandlung seelisch gesund bleiben?

2. Was lässt Menschen selbst bei dauerhaftem extremen Stress überleben?

3. Wieso können sich viele Menschen von traumatischen Erlebnissen wie Naturkatastrophen, Kriegs- oder Fluchterlebnissen, Gewalt oder nach dem Tod eines geliebten Menschen erholen?

In allen Studien werden der Bindungsfaktor und die daraus entstehenden Eigenschaften betont. Ein zuverlässiges, Bindung und Halt gebendes Umfeld führt zu:

- Selbstvertrauen: Ich kann mich auf mich verlassen.
- Kommunikationsstärke: Ich kann zuhören, und man hört mir zu.
- Netzwerk- und Lösungsorientierung: Ich kann mich auf viele Menschen verlassen.

- Selbstbewusstsein: Ich weiß, dass ich etwas wert bin.
- Selbstwirksamkeit: Ich vertraue meinen eigenen Fähigkeiten und meinem Können.
- Selbstregulation: Ich kann meine Gefühle und meine Impulse steuern.

Michael Steinbrecher beschreibt die Lebensläufe von Tina Turner und Muhammed Ali, zwei prominenten Menschen, die nach vielen Abstürzen einen Weg der Selbstbefreiung gefunden haben. Beide hatten eine feste und Halt gebende Bindung; Tina Turner hatte ihre Großeltern, Muhammed Ali die Bindung in seinem islamischen Glauben.

Prominenz und die Begeisterung vieler Fans kann keine Bindung ersetzen. Das ist möglicherweise die unbewusste Hoffnung vieler Menschen. Mir fielen spontan zwei Menschen ein, die sehr erfolgreich waren, die aber an ihrer inneren Leere zugrunde gegangen sind.

Marylin Monroe (1926–1962) wurde in den Fünfzigerjahren zum Weltstar, ist heute eine Filmikone und gilt als archetypisches Sexsymbol des 20. Jahrhunderts. Sie war zu ihrer Zeit die meistfotografierte und bekannteste Frau der Welt. Marylin Monroe war ein ungewolltes Kind, der Vater war unklar. Fünf Tage nach ihrer Geburt gab die Mutter sie zu Pflegeeltern, bei denen sie sieben Jahre lang lebte. Sie wusste nicht, dass es sich bei der Dame, die sie von Zeit zu Zeit besuchte, um ihre Mutter handelte. Als sie sieben Jahre alt war, nahm die Mutter sie wieder zu sich. Doch die Mutter erkrankte psychisch und war unfähig, ihre Tochter zu erziehen. Marylin Monroe wurde eine Sozialwaise und verbrachte die folgende Zeit bei verschiedenen Pflegeeltern und in einem Waisenhaus. Mit zwölf Jahren kam sie kurz zu einer Verwandten, einer Freundin ihrer Mutter, die sie, wie sie sagte, »wissen ließ, was Liebe bedeutet«. Ihre frühen Verletzungen konnten nicht geheilt werden.

Sie hatte großen Erfolg, litt aber sehr darunter, nicht als ernsthafte Schauspielerin wahrgenommen zu werden. Drei Ehen scheiterten, und auch ihr Kinderwunsch blieb unerfüllt. In ihren letzten Jahren hatte sie starke seelische Probleme und war tablettenabhängig. Marylin Monroe starb im Alter von 36 Jahren an einer Überdosis Barbiturate. Sie konnte sich nur mit Tabletten beruhigen, sie hatte nie eine stabile, gute und zuverlässige Bindung erlebt.

Auch Michael Jackson (1958–2009) litt unter den seelischen Verletzungen seiner Kindheit und Jugend. Auch er war erfolgreich, wurde zum »King of Pop« gekürt. Michael Jackson gilt laut dem Guinness-Buch der Rekorde als erfolgreichster Entertainer der Musikgeschichte.

Sein Vater hatte die stimmliche Begabung seiner Kinder erkannt und sie radikal vermarktet. Michael machte ihm später oft den Vorwurf, ihm die Kindheit gestohlen zu haben. Er konsumierte übermäßig Schmerz- und Beruhigungsmittel und starb an einer Überdosis eines Narkotikums. Er konnte der Welt und seinen Verletzungen kein resilientes Verhalten, sondern nur seine Sucht entgegensetzen. In ihr hat er Trost und Beruhigung gefunden.

Resilienz– Gene und Übung

Resilienz hat vermutlich auch eine genetische Basis, sie lässt sich aber ebenso lernen, und das sollte möglichst früh geschehen. Ich glaube, das macht Mut. In den USA gehen speziell trainierte Psychologen in die Grundschulen, um Kinder in Resilienz zu üben. Die Kinder sollen lernen, alltägliche Stresssituationen zu benennen wie Mobbing, schlechte Noten, Angst vor Lehrern, aber auch Probleme im Elternhaus wie die Scheidung der Eltern, häusliche Gewalt oder Vernachlässigung. Und sie sollen gemeinsam Lösungen zu finden.

Die Kinder lernen die Kernpunkte der Resilienz:

- Suche dir Freunde und pflege die Freundschaften!
- Übernimm Verantwortung für dich und das, was du tust!
- Vertraue dir und glaube an dich!

Ein Erwachsener mit einer guten seelischen Widerstandskraft verfügt über bestimmte Eigenschaften, um schwierige Situationen bewältigen zu können.

Aber auch als Erwachsene können wir uns in den Fähigkeiten üben,

- soziale Kontakte aufzubauen: »Ein guter Freund in der Not.«
- zu akzeptieren, was geschehen ist: »Was passiert, ist passiert.«
- optimistisch in die Zukunft zu blicken: »Das Leben geht weiter.«

- überzeugt zu sein, etwas tun zu können:
  »Ich tue, was ich kann« und »Ich schaffe das.«
- zurückzublicken: »Es wird genauso gut gehen,
  wie schon so oft.«
- für sich selbst zu sorgen: »Was brauche ich jetzt?«
- Ziele zu formulieren: »Was will ich erreichen?«
- die Opferrolle zu verlassen und aktiv zu werden:
  »Was kann ich jetzt tun?«
- sich Hilfe zu suchen, wenn die eigene Kraft nicht
  ausreicht: »Ich bin allein. Ich brauche Hilfe, und
  ich lasse mir helfen.«
- sich bei Bedarf religiös oder spirituell zu binden.

Eine schmerzhafte Kindheit, schmerzhafte Versagungen im Alltag, Gewalterfahrungen, Flucht und Vertreibung, Katastrophen, Unfälle, Tod – sie können sich als Erfahrungen niederschlagen, die lange, sehr lange belasten. Wenn Sie jemanden kennen, der Flashbacks erlebt, sich zurückzieht, Orte und Menschen meidet, sich emotional taub, sich anderen gegenüber fremd fühlt, keine Interessen mehr hat, nervös und aufbrausend ist, nicht ein- und durchschlafen kann, dem Gespräche, Hobbys, ausreichender Schlaf, ein strukturierter Tagesablauf, Entspannungsübungen, eine Umarmung, kreative Pausen nicht mehr helfen, dann ist es an der Zeit, ihm professionelle Hilfe zu empfehlen.

Ärztliche und psychologische Psychotherapeuten finden Sie im Internet ebenso wie speziell ausgebildete

Traumatherapeuten und Traumakliniken. Eine weitere Möglichkeit ist der Kontakt zu Selbsthilfegruppen und zu Beratungsstellen für Gewalt- und Unfallopfer im Netz über den Suchbegriff »Trauma«.

Sie erleben vermutlich genauso wie alle anderen Krisen und unerwartete negative Ereignisse. Sie resignieren jedoch nicht? Sie sind auch verzweifelt, doch irgendwann beginnen Sie Lösungen zu suchen? Sie haben das Gefühl, aufgehoben und wichtig zu sein? Aktiv etwas bewirken zu können? Wahrgenommen zu werden?

Vielleicht konnten Sie zwei oder drei der Fragen mit »ja« beantworten, vielleicht sogar vier. Dann verfügen Sie über eine gewisse seelische Immunität. Bzw. Resilienz. Dieses Gefühl können nur Menschen entwickeln, die irgendwie und irgendwo in einer festen, zuverlässigen Bindung Beruhigung, Trost und Ermutigung erlebt haben. Vielleicht fallen Ihnen Ihre Eltern oder einer der Großeltern, ein Geschwister, eine Freundin oder ein Freund, vielleicht auch eine Nachbarin oder ein Lehrer ein?

Eine zuverlässige Bindung kann Brüche im Leben heilen, lassen Sie uns mit den Kindern die Kernpunkte der Resilienz lernen. Es gibt keine Altersbegrenzung.

- Suchen Sie sich Freunde und pflegen Sie Freundschaften.
- Übernehmen Sie Verantwortung für sich und das, was Sie tun.
- Vertrauen Sie sich und glauben Sie an sich.

Wir Menschen sind soziale Wesen. Ohne die Fähigkeit und die Bereitschaft, sich zu binden, hätten wir keine Chance gehabt, auf diesem Planeten zu überleben.

Von Wendepunkten und Integration

So sehr wir, wie Angelika Kallwass es beschrieben hat, auf unseren individuellen Lebenswegen immer wieder vor Entscheidungen stehen, so sehr sind wir auch eingebunden in Zeitläufe, die außerhalb unserer persönlichen Entscheidung liegen und weit über Einzelschicksale hinausweisen.

Können Sie sich als älterer Leser dieses Buchs daran erinnern, in welcher Situation Sie vom Tod John F. Kennedys erfahren haben? Wissen Sie noch, wo Sie waren, als die Mauer fiel? Haben Sie diese historische Stunde aus der Distanz verfolgt, oder wollten Sie dabei sein, wenn Menschen auf der Mauer tanzen? Wie genau erinnern Sie sich an den Moment, als am 11. September 2001 die Bilder der einstürzenden Twin Towers nicht nur in New York blankes Entsetzen auslösten?

Historische Ereignisse dieser Dimension hinterlassen Spuren in Millionen von Lebensläufen. Der Mauerfall hat Wendeverlierer und Wendegewinner hervorgebracht. Nicht zu vergessen die sogenannten Wendehälse. Dieses Ereignis allein wurde zum Wendepunkt für Millionen. Im *Nachtcafé* sprechen wir nicht nur über Lebensgeschichten. Es scheinen auch immer wieder historische Entwicklungen auf, die das Leben beeinflusst haben. Geschichten, die für die Themen einer Zeit stehen.

Nach der Flucht

Der Krieg in Syrien ist für viele Menschen in Deutschland gar nicht begreifbar. Über Jahre hinweg wurde immer wieder über neue Ausmaße von Leid und Zerstörung berichtet, aber die politischen Zusammenhänge und die Intentionen und Interessen vieler aufständischer Gruppen und internationaler Staaten sind so kompliziert zu vermitteln, dass der Journalismus ebenso oft an seine Grenzen stößt wie diejenigen, die sich über diesen Konflikt informieren möchten.

Eine Flucht aus seinem Heimatland, das Verlassen der eigenen Familie und Kultur ist ein großer Wendepunkt im Leben eines Menschen, der sich mit gut zwanzig Jahren eine Lebensperspektive erarbeiten will. Uday al Khatib gelang die Flucht aus Syrien. Er ließ alles zurück, was bisher sein Leben ausmachte.

Nach Aufenthalten im Libanon und in Libyen ging es mit dem Holzboot Richtung Europa. Das Boot sank, die Passagiere trieben im Wasser. Ein Militärschiff nahm die Überlebenden an Bord. Nach einer Station auf Lampedusa gelangte Uday al Khatib im Dezember 2013 über Italien nach Deutschland und schließlich nach Bremen, wo er heute lebt.

Welche Erfahrungen verbergen sich hinter dieser knappen Beschreibung? Was bedeutet es, zwölf Stunden mit einer Schutzweste im Wasser zu treiben und neben sich Menschen ertrinken zu sehen, die über keine solchen Westen verfügen? Welche Spuren hinterlässt es, wenn man in der Heimat mit ansehen muss, wie die eigenen Freunde umgebracht werden?

Von Willkommenskultur war in Deutschland zuerst die Rede. Doch dann drehte sich die Stimmung. An den Erfahrungen, die Uday al Khatib bei seiner Flucht gemacht hat, ändert das wechselhafte Integrationsklima in Deutschland nichts. Wohl aber an der Frage, wie sich in einem Land, in dem plötzlich alles anders ist als in der Heimat, seine Perspektiven entwickeln. Beim beruflichen Start konnte er von seinen Kompetenzen als Automechaniker profitieren. Wird das ausreichen, um ein Leben in Deutschland bewältigen zu können? Und wie geht es uns dabei? Lesen wir heute, nach den Erfahrungen von 2016, die Geschichte von Uday al Khatib anders als vorher?

Neuanfang für ehemalige Nazis

Eine weitere Frage unserer Zeit: Was treibt junge Leute in radikale Gruppierungen? Was bringt sie dazu, sich wie Sascha Bisley nur lebendig zu fühlen, wenn sie anderen Menschen Schmerz zufügen oder selbst welchen spüren? Bisley ging es um das »Männerbündische«, das Dazugehören, nicht bewusst um Ideologie. Wie im Vorwort bereits angedeutet, hatte ich vor seinem Besuch im *Nachtcafé* Probleme mit seiner Geschichte. Unter Alkoholeinfluss hatte er einen Obdachlosen fast totgetreten und mit einem damaligen Freund, dem zweiten Täter, diese verabscheuungswürdige Tat auch noch als Sieg gefeiert. In einem Buch über seinen Nazi-Ausstieg beschreibt Sascha Bisley diese Tat und seine Wandlung sehr eindrücklich. Bei mir entstand zunächst der Eindruck, er wolle im Nachhinein noch von dieser Tat profitieren und sich als besonders qualifizierter Präventionsarbeiter in Position bringen. Aber das Misstrauen verschwand, als ich ihn in der Runde im *Nachtcafé* erlebte. Seit über zwanzig Jahren bereits arbeitet er daran, junge Leute vor einer Radikalisierung zu bewahren oder ihnen beim Ausstieg zu helfen.

Aber dennoch bleiben Fragen. Wann spürte Bisley nach der Tat zum ersten Mal einen Anflug von Schuldgefühlen? Wie fand er Schritt für Schritt in ein neues Leben? Hat er manchmal Angst davor, dass die alte Seite wieder aufbricht? Ist er heute ein anderer Mensch, oder hat er nur gelernt, sich zu kontrollieren? Und prüfen Sie sich selbst: Mit welchem Gefühl lesen Sie das, was Bisley über sein Leben formuliert? Wie würden Sie ihm gegenübertreten? Wären Sie frei von Vorbehalten?

Obdachlos und zurück

Obdachlose bleiben oft namenlos. Sie stören für viele das Stadtbild und leben am Rand der Gesellschaft. Oder werden sogar zur Zielscheibe von Gewalt, wie sie früher von Sascha Bisley ausging. Günter Holzer war einige Jahre obdachlos und hat gemeinsam mit seinem Hund auf der Straße gelebt. Wie ist es dazu gekommen?

Es ist zunächst eine Geschichte des beruflichen Erfolgs und der glänzenden familiären Perspektiven. Günter Holzer führte einen Antiquitätenladen in München. Er lebte mit Frau und Kind in einer guten Wohngegend. Dann schlug das Schicksal zu. Die einzige Tochter starb – der Wendepunkt in seinem Leben. Von Günter Holzer erfahren Sie, was schrittweise tiefer in die Krise führen kann. Bis hin zum Gefühl der Resignation. Wie eine Ehe scheitert, Freunde sich abwenden und das Geld durch die Finger rinnt. Bis schließlich ein Leben auf der Straße als letzter Ausweg erscheint und sogar Freiheit verspricht. Die Härte des Alltags kriecht erst nach und nach in sein Obdachlosen-Leben.

Heute lebt Günter Holzer wieder in einer Einzimmerwohnung. Wer hat ihm geholfen, den Weg zurück zu finden? Was erzählt uns seine Geschichte über die Menschen, die oft ohne wirkliche Perspektive am Rand unserer Gesellschaft leben? Und welche Einstellung hat Günter Holzer heute zum Leben gefunden? Was ist ihm noch wichtig?

Neuanfang in Israel

Tom Franz verließ freiwillig seine Heimat. Das Interesse für das Land Israel wurde bereits geweckt, als er mit sechzehn Jahren dort bei einem Schüleraustausch erste Erfahrungen machte. Die Begeisterung für die andere Kultur und die jüdische Religion wurden schrittweise stärker.

In Deutschland arbeitete er zu Beginn seines Berufslebens als Anwalt in einer internationalen Kanzlei. Seine Karriere und seine Zukunft schienen vorgezeichnet. Was veranlasste Tom Franz schließlich, Deutschland den

Rücken zu kehren und einen Neuanfang in Israel zu wagen? Welche beruflichen und persönlichen Risiken ging er ein, als er seinen Job aufgab und nach Israel zog? Was hat er getan, um sich in Israel heimisch zu fühlen? Welche Hürden und Widerstände hatte er in Israel zu überwinden? Welche Rolle spielte die Sprache?

Und wieder geht es auch um die Frage, wie das Umfeld auf einen solchen Wendepunkt reagiert. Seine Eltern hatten zunächst Schwierigkeiten mit der Vorstellung, dass ihr Sohn nach einem langen, aufreibenden Studium und einem erfolgreichen Start in den Beruf plötzlich entscheidet, noch einmal völlig neu anzufangen. Können Sie die Vorbehalte nachvollziehen?

Mittlerweile ist Tom Franz nicht nur in Israel integriert, sondern dort sogar zu einem bekannten TV-Star avanciert. Sie ahnen es schon: Es lohnt sich, die Wendepunkte, die das Leben von Tom Franz geprägt haben, genauer anzuschauen. Kann er sich vorstellen, gemeinsam mit seiner Familie nach Deutschland zurückzukehren? Wie tief sind noch die Verbindungen zu seinen deutschen Wurzeln?

Auch in diesem Kapitel erwarten sie wieder vier Leben, vier Wendepunkte, vier Welten.

»Entweder finde ich ein gutes Leben oder ich sterbe eben.«

Er ist 23 Jahre alt, wohnt in Bremen, macht eine Ausbildung und baut sich eine Existenz auf. Dabei hatte er in einem früheren Leben bereits alles: Einen Beruf, eine Familie und eine Heimat. Doch dann brach der Syrien-Krieg aus, und Uday al Khatib musste fliehen.

Man hört es in den Nachrichten und liest es in den Zeitungen, aber trotzdem wissen viele Menschen hier in Deutschland nicht, was gerade in Syrien passiert. Die Truppen von Assad bringen jeden um, der gegen sie ist. Jeden Tag sterben Menschen. Ich lebte mit meiner Familie in Damaskus, im südlichen Stadtteil Jarmuk. Nach Demonstrationen gegen Assad und vielen Gefechten riegelte die Armee unser Viertel ab, niemand konnte mehr raus oder rein. Wer versuchte rauszukommen, wurde erschossen. Es gab keinen Strom mehr, kein Essen und kein Wasser. Menschen verhungerten. Ich aß die Blätter von den Bäumen! Und sie, sie warfen Raketen. Meine Eltern und ich haben das erlebt, in nur einer Minute kamen sechzig Raketen. So viele Häuser sind zerstört. Sie erschießen Leute vor ihren Familien und Freunden. Sie verhaften die Menschen und töten sie dann. Wir sahen die getöteten Menschen, sie ließen sie einfach auf der Straße liegen.

Mein Onkel wurde auch umgebracht, weil er rauswollte. Er hatte Probleme mit seinem Bauch und wollte in ein Krankenhaus. Aber als er versuchte, das Viertel zu verlassen, verhafteten sie auch ihn. Drei Tage später erfuhr meine Tante, dass er tot war. Viele junge Männer wie ich versteckten sich. Junge Männer haben keine Wahl: Entweder sie kämpfen, oder sie gehen ins Gefängnis, oder sie sterben. Wenn ich daran zurückdenke, werde ich sehr traurig. Es war nicht einfach, da herauszukommen.

Und doch habe ich es vor vier Jahren gewagt. Zuerst ging es illegal in den Libanon. Ich konnte nicht legal einreisen, ich ging die ganze Strecke zu Fuß. Das dauerte einen Monat. Drei Monate blieb ich im Libanon, dort war es schrecklich. Millionen Flüchtlinge hielten sich dort auf. Es gab kein Essen, keinen Strom, es war schmutzig, und es gab viele Krankheiten. Ich wollte so schnell wie möglich weiter. Mir war klar: Entweder geht es für mich weiter, oder ich gehe zurück nach Syrien. Ich hatte keine Papiere und kein Geld, wollte arbeiten, um mir die weitere Flucht leisten zu können. Aber es war sehr schwierig, einen Job zu finden. Ich arbeitete jeden Tag über achtzehn Stunden als Mechaniker und als Bäcker. Das war sehr hart. Trotzdem musste ich mir zusätzlich noch Geld von Freunden leihen, über 8000 Euro, damit es für die gefälschten Papiere, einen Pass und ein Visum nach Libyen reichte. Im Krieg geht mit Geld alles …

Ich wusste nur, ich muss weiter. Ich muss irgendwie nach Deutschland, das war mein Ziel. Seit ich ein Kind war, war ich von Deutschland begeistert. Ich hatte vor vielen Jahren auch schon einen Deutschkurs am Goethe-Institut in Damaskus belegt. Außerdem liebe ich deutsche Autos. Da ich in Syrien als Automechaniker gearbeitet hatte, träumte ich davon, in Deutschland in einem großen Autobetrieb zu arbeiten. Ich wollte etwas aus mir machen.

Unterwegs wusste ich gar nicht, was mich erwartete. Ich dachte mir, was von Gott kommt ist gut. Ich schaffte es mit dem Visum in einem Flugzeug nach Libyen und musste dort nur drei Tage warten. Dann kamen die Männer, die mich und andere Flüchtlinge weiterbringen sollten. Und zwar mit einem Holzboot über das Meer Richtung Europa. Wir waren ungefähr 400 Menschen an Bord. Die meisten kamen aus Afrika. Nur 26 Syrer, damals gab es noch nicht so viele Menschen, die aus Syrien flüchteten. Das war eine schreckliche Erfahrung. Mitten auf dem Meer verschwand plötzlich der Bootsführer mit einem kleinen Boot, er rief uns nur noch zu: »Fahrt allein weiter! Immer dahin, wo das Licht ist, da ist das Ziel.« Es war Nacht, stockdunkel. Und das Licht, das er meinte, war nur ein Schiff, kein Land, keine Insel. Wir waren mitten auf dem Meer, alle Zivilisten. Wir wussten nicht, wie man steuert. Auf einmal fing das das Boot an, auseinanderzubrechen, es ging immer weiter kaputt. Frauen und Kinder schrien, wir hatten alle solche Angst. Viele sind ins Wasser gesprungen, ich auch. In Libyen hatte ich nur noch 150 Euro in der Tasche gehabt. Davon kaufte ich mir eine Schutzweste, um mein Leben zu retten. Nach zwei oder drei Stunden war das Boot komplett gesunken. Viele hatten keine Schutzwesten, die sie vor dem Ertrinken schützten. Ich hörte anfangs die Menschen schreien, auch viele Kinder. Das war so schrecklich, so etwas kann man sich nicht vorstellen. Nach einer Stunde waren keine Schreie mehr zu hören. Viele Menschen ohne Schutzweste sind ertrunken.

Wir trieben stundenlang im eiskalten Wasser, das war furchtbar. Nach ungefähr zwölf Stunden kam dann ein Schiff des italienischen Militärs mit kleinen Booten, die uns endlich herauszogen und nach Lampedusa bringen sollten. Aber sie wollten zuerst, dass wir noch auf ihrem Schiff unsere Fingerabdrücke abgaben. Vorher bekamen wir keine trockenen Kleider, keine Hilfe. Sie schlugen uns und nahmen uns alles, was wir noch hatten. Ich hatte noch viele Monate Albträume von dieser Nacht. Aber in Syrien hatte ich noch Schrecklicheres erlebt. Meine Freunde wurden vor meinen Augen umgebracht. Ich dachte mir: Entweder finde ich ein gutes Leben, oder ich sterbe eben.

Fünfzehn Tage blieb ich dann auf Lampedusa. Da dachte ich immer: Was habe ich nur mit meinem Leben gemacht? Jetzt muss ich hier auf einer Insel bleiben und komme nicht weg. Ich hatte keinen Cent, ich hatte gar nichts. Aber da ich meine Fingerabdrücke abgegeben hatte, ließen sie mich endlich weiterziehen. Ich bekam Geld von einem anderen Syrer, weil ich ihm geholfen hatte, Tickets zu buchen, denn er konnte kein Englisch. Weil ich das kann, führte ich eine Gruppe Flüchtlinge in den nächsten Tagen weiter. Mit dem Flugzeug ging es nach Italien. Am Ende waren wir in Mailand angekommen, und von dort ging jeder seinen eigenen Weg, manche nach Deutschland, andere nach Frankreich.

Als ich endlich Deutschland erreicht hatte, fuhr ich mit dem Zug nach Dortmund, denn dort kannte ich jemanden. Da ich schon Deutsch sprach, merkte niemand, dass ich ein Flüchtling war. In Dortmund bewarb ich mich um Asyl. Ich wurde für zwei Tage in einem Wohnheim für Flüchtlinge untergebracht, dann schickte man mich weiter nach Burbach. Hier blieb ich einen Monat. Es war Winter, ich lebte in einem Wohnheim im Wald. Es passierte nichts, es gab nichts für mich zu tun. Ich hatte keine Freunde, kein Handy, kein Geld. Ich war einsam. Das war eine schwere Zeit für mich. Außerdem drehten sich meine Gedanken ununterbrochen um meine Eltern und meine Schwestern, die ich in Syrien hatte zurücklassen müssen. Warum hatte ich sie verlassen? Was machte ich da mit meinem Leben? Ich hatte große Zweifel. Aber am Anfang ist alles schwer, man darf nicht gleich aufgeben.

Nach einem Monat in Burbach wurde ich nach Köln geschickt und von dort aus weiter »verteilt«. Als ich dort in das Büro kam, sprach ich Deutsch mit den Zuständigen. Ich sagte, dass ich mir wünschte nach Dortmund eingeteilt zu werden, weil ich da jemanden kannte. Aber sie antworteten, dass sie das nicht entscheiden könnten, ich käme nach Bremen. Ich wusste nicht, dass es eine Stadt gibt, die Bremen heißt. Ich googelte sofort, wo Bremen überhaupt liegt. Nach der Zugfahrt stieg ich zunächst außerhalb von Bremen in einem Dorf aus. Da dachte ich: »O Gott, wie schrecklich, hier sind ja gar keine Menschen!« Erst dann fuhr ich weiter zum Hauptbahnhof.

In Bremen musste ich fünf Monate warten, bis mein Aufenthalt genehmigt war. Ich wollte unbedingt so schnell wie möglich Kontakt zu den Leuten hier herstellen. Also besorgte ich mir zuerst einen Nebenjob in einer Pizzeria. Dort lernte ich mehrere Deutsche kennen, die heute noch immer meine Freunde sind. Ich traf auch eine sehr nette Frau, die Flüchtlinge unterstützt. Sie besorgte mir meinen ersten Praktikumsplatz, gab mir Hoffnung und unterstützte mich. Sie sagte immer: »Es wird alles gut.« Das hat mir sehr geholfen.

Wegen der Fingerabdrücke, die ich hatte abgeben müssen, war später unklar, ob ich in Deutschland bleiben durfte. Ich hätte eigentlich wieder nach Italien gemusst. Deshalb versuchte ich immer weiter, meine deutsche Sprache zu verbessern. Damit ich mehr sprechen und zeigen konnte, dass ich hier etwas will! Ich hatte noch nicht den Status, dass ich einen Deutschkurs bezahlt bekam. Also zahlte ich selbst Kurse, damit ich schnell besser sprechen konnte. Meine Vorkenntnisse haben mir das Lernen etwas erleichtert.

Meine Eltern und meine Schwestern sind noch immer in Syrien, und ich habe große Angst um sie. Ich habe schon versucht, sie rauszuholen, aber das klappt einfach nicht. Und selbst wenn es klappte, wovon sollten sie draußen leben? Ich will arbeiten und Geld verdienen, um ihnen helfen zu können.

Vor kurzem habe ich ein Praktikum in der Daimler-Niederlassung in Bremen gemacht, und der Chef entschied, dass er mich übernehmen will. Er sah, dass ich motiviert bin und arbeiten kann. Ich bekam einen Ausbildungsplatz und lerne nun KFZ-Mechatroniker in einer Daimler-Werkstatt. Darüber bin ich sehr glücklich! Wenn mich ein Land unterstützt, dann muss ich dafür auch etwas zurückgeben. Ich finde die Deutschen einfach nett. Sie helfen, sind freundlich zu allen. Ich kann mir inzwischen wirklich gut vorstellen, mich hier dauerhaft wohlzufühlen. Deutschland soll meine Heimat werden.

»Die Erinnerung an meine Tat verfolgt mich bis heute in meinen Träumen.«

In seinen 44 Lebensjahren ließ Sascha Bisley so gut wie keinen Fehler aus, früh begann er mit Alkohol, Drogen und Gewalt. Mit neunzehn verletzte er einen Obdachlosen so schwer, dass dieser an den Spätfolgen starb.

Ich war das jüngste von sieben Kindern und wuchs behütet in einer Kleinstadt auf. Trotzdem kamen bei mir schon sehr früh Aggressionen auf. Zwei meiner Geschwister waren sehr jung gestorben, und das hatte meine Eltern emotional verhärtet. Sie konnten kaum ihre Gefühle zeigen, konnten wenig Liebe geben. Vielleicht ließ mich diese emotionale Unterversorgung meinen späteren Weg einschlagen. Denn obwohl ich in meine Familie eingebunden war, fühlte ich mich immer außen vor, immer unverstanden, auch wenn die Menschen um mich herum das nicht so sahen. In der Schule ging es mir genauso, ich fühlte mich nirgends zugehörig. Dabei sagen meine Mitschüler von früher, sie hätten mich durchaus als kontaktfreudig wahrgenommen, vielen galt ich sogar als Klassenclown. Aber was in mir vorging, davon machte sich niemand ein Bild. Ich glaube, ich habe diese Außenseiterposition auch selbst gewählt. Ich hatte den Wunsch, nicht dazuzugehören, diese Rolle gefiel mir.

Außenseiterpositionen bringen einen zu Außenseiterthemen. Bereits als Kind war ich von Dingen fasziniert, die nicht der Norm entsprachen. Alles, was anders war, übte einen starken Reiz auf mich aus: Kriegsfilme, Horrorfilme, eigentlich interessierte mich alles, was mit Gewalt zu tun hatte. Das zog mich magisch an. Ich klebte meine Schulhefte voll mit Kriegsbildern. Mit Bildern von verbrannten Kindern, auch Bildern aus dem Dritten Reich, das ja Gewalt in Reinform war. Konzentrationslager, Kriegsverbrechen – je schlimmer die Bilder waren, desto anziehender fand ich sie. Ich fing früh an, Klebstoff zu schnüffeln, und war eine Zeitlang einer der wenigen im Dorf, die Erfahrung mit Drogen hatten. Das gefiel mir. Trotzdem blieb es eine Art Parallelleben für mich, ich erzählte niemandem davon, weil es so abwegig war. Ich war ein guter Schüler und stets freundlich zu den Nachbarn. Meine Mutter hat immer gesagt, dass man mich überallhin mitnehmen konnte. Was ich aber tat, wenn ich alleine war, war teilweise so krank, dass ich es nicht erzählen konnte.

Schon mit dreizehn hatte ich die ersten Kontakte in die rechte Szene. Über Alkohol und Drogen suchte ich früh die Nähe zu Älteren. Wenn man als Dreizehnjähriger von Zwanzigjährigen von der Schule abgeholt und auf ein Bier eingeladen wurde, dann machte das schweren Eindruck auf die Klassenkameraden. Und ich wollte dazugehören. Aber es waren gewalttätige Jugendliche, Rechtsradikale, mit denen ich da herumhing. Und es begann ein schleichender Prozess, der sich über Jahre hinzog, bis ich mich letztlich wirklich radikalisierte. Die Ideologie war mir dabei allerdings vollkommen unwichtig. Es hätte mich genauso gut in die linke Szene oder zu den Salafisten ziehen können. Mir ging es um Männerbünde, um Freundschaften, Gruppenzugehörigkeit und nicht zuletzt auch darum, Gewalt ausüben zu können. Das alles fand ich dort. Es war ein martialischer Männerbund, eigentlich ein loser Zusammenschluss von gleichgesinnten Wahnsinnigen. Der Tag bestand hauptsächlich aus rumhängen, viel trinken und Drogen nehmen. Am Anfang waren es klassische Einstiegsdrogen wie Cannabis und Alkohol. Es wurde dann aber auch sehr schnell krasser und ging in Richtung Amphetamine und LSD. Ich war eine lange Zeit in Kokaingeschäfte involviert und arbeitete auch selbst als Kurier.

Ich war viel mit Fußball-Hooligans zusammen, denen der Fußball aber nur als Deckmantel diente, um ihre Gewaltbereitschaft auszuleben. Nahezu täglich kam es zu Schlägereien und Sachbeschädigungen. Mir gab das Ganze einen Adrenalinschub, durch den ich mich lebendig fühlte. Ich vergleiche das gerne mit Borderline-Patienten, die sich die Arme aufritzen, um sich lebendig zu fühlen. So ähnlich war es bei mir damals auch. Ich fühlte mich leer und unausgefüllt, aber in den Gewaltmomenten war ich auf das pure Archaische heruntergestuft. Es gab keine Regeln, keine Boxhandschuhe, und man musste einfach schauen, dass man heil wieder herauskam. Auch wenn ich verlor, was oft vorkam, fühlte ich mich lebendig. Aber bei Siegen trat ein unbeschreiblich starker Belohnungseffekt ein: »Ich bin oben, der andere ist am Boden.« Es gab eine Hierarchie, und das fühlte sich gut an. Früher war das für mich nicht krank, sondern normal. Und es machte mich stolz. Ich wusste, wenn mich jemand mit meinem blauen Auge sah, dann konnte er erahnen, was passiert war. Dadurch fühlte ich mich irgendwie elitär, ich hatte das Gefühl, das es mich zu etwas Besonderem machte.

Bei den Kämpfen befand ich mich wie im Rausch. Mit der Zeit trat allerdings ein Abstumpfungsprozess ein. Nach meiner ersten Auseinandersetzung war ich noch schockiert und mitgenommen gewesen, es hatte mich wirklich umgerissen. Das hatte nichts mit den Gewaltvorstellungen zu tun, die ich mir früher zusammengesponnen hatte. Das war ungefiltert, brachial und hart. Mein Gegner war umgefallen und lag einfach da, blutete aus den Ohren, hatte die Augen geschlossen, und ich fand es einfach nur schrecklich. Aber dasselbe passierte dann jedes Wochenende, und der andere stand am Ende doch immer wieder auf. Irgendwann wurde das für mich so normal wie wenn ich mir einen Pullover gekauft hätte. Es ist unglaublich, dass man sich mit so grausamen Dingen einfach arrangiert, dass man irgendwann sogar Gefallen an ihnen findet.

Dass jemand bei einer Schlägerei sterben könnte, darüber dachte wohl niemand von uns nach. Aber es hätte hunderte Male passieren können. Ich war neunzehn, als ich mit einem Kumpel unterwegs war. Wir beide standen schwer unter Alkohol, und es war die x-te Schlägerei für uns. Es ging gegen einen Obdachlosen, ein leichtes Opfer. Oft stürzten wir uns auf Wehrlose, ganz einfach um Erfolg zu haben. Das war bei diesem Obdachlosen eben perfekt. Er hatte uns angepöbelt, das reichte. Eigentlich überhaupt kein Grund, ihn zu verprügeln. Aber völlig egal, was er gesagt hatte, er war an diesem Abend einfach zur falschen Zeit am falschen Ort. Wir schlugen ihn zusammen, zwei gegen einen, brutal, im Alkoholrausch. Mehrfach trat ich gegen seinen Schädel, als er bereits am Boden lag. Wir lachten, hatten vor Lachen solche Seitenstiche, dass wir nicht einmal weglaufen konnten. Wir waren überzeugt, dass wir es dem jetzt so richtig gezeigt hatten. Warum hatte er auch die Schnauze bei den falschen Leuten aufgerissen? Wir feierten danach unseren »Sieg«, obwohl es ja gar kein Sieg war, sondern ein Angriff auf einen Wehrlosen. Nur begriffen wir das nicht, denn das war es ja, was wir an jedem Wochenende taten.

Umso überraschter war ich, als am nächsten Morgen das Sondereinsatzkommando an meine Tür klopfte. Und ich hatte keine Vorstellung davon, was mich nun erwarten würde, dachte in dem Moment nur vollkommen naiv: »Wenn ich heute Abend die Jungs treffe, dann habe ich die geilste Geschichte zu erzählen.« Als ich mich dann allerdings auf der Polizeiwache wiederfand und die Wirkung des Restalkohols langsam nachließ, dämmerte es bei mir. Das LKA kam hinzu, und ein Beamter stellte vor mir die

Stiefel auf den Boden, die ich am Abend zuvor getragen hatte. Plötzlich wurde mir bewusst, dass ich richtig großen Mist gebaut haben musste.

Der Obdachlose hatte schwerste Verletzungen erlitten. Seine Gesichtsknochen waren zertrümmert, sein Darm musste genäht und seine Milz komplett entfernt werden. Die Ärzte gaben ihm so gut wie keine Überlebenschance. Ich kam in Untersuchungshaft, wo ich ein Jahr lang bis zur Verhandlung blieb. Im Gefängnis setzte ich mich intensiv mit meiner Tat auseinander. Und mir wurde schnell bewusst, dass ich niemand anderem als mir allein dafür die Schuld geben konnte. Ich lernte im Knast so viele Leute kennen, die alle immer wieder die gleichen Sätze sagten: »Ich bin unschuldig«, oder: »Das ist einfach so passiert«. Es gab kaum jemanden, der wirklich zu seinen Taten stand. Ich hingegen bereute zutiefst und konnte nicht nachvollziehen, wie ich eine solche Tat hatte begehen können. Ich machte das alles mit mir alleine aus. Natürlich waren da Gefängnispsychologen, aber wenn man eine gewaltbereite Seite hat, hat man keine Lust auf das Zusammenarbeiten mit staatlichen Organen. Ich war überzeugt: Ich habe mich da alleine hineingebracht, ich komme da auch alleine wieder heraus. Aber es war ein langer und ein harter Weg, der mich oft verzweifeln ließ. Im Knast nahm ich weiter Drogen, spritzte mir sogar Heroin. Irgendwann war ich an einem Punkt, an dem ich sogar versuchte, mir das Leben zu nehmen. Doch der Versuch misslang. Nun kreisten die Gedanken in meinem Kopf: »Das soll mein Leben sein?

Neunzehn Jahre alt, du sitzt im Knast; und deine Mutter heult sich zuhause die Augen aus! Wie konnte es so weit kommen?« Da ich keine Antworten auf die Fragen fand, wurde mir klar, dass ich etwas ändern musste.

Nach dieser Einsicht ging dann alles ganz schnell. Das ist zum Glück ein positiver Wesenszug von mir. Wenn ich mir etwas vornehme, dann ziehe ich es auch durch. Dabei fand ich bei meiner Familie große Unterstützung. Meine Mutter und meine Geschwister besuchten mich im Gefängnis und versuchten, ganz normal mit mir umzugehen, auch wenn sie meine Tat sehr verletzt und verstört hatte. Ich sah ihnen an, dass sie sich fragten, ob sie eine Teilschuld daran hatten. Wir redeten nie darüber, aber es stand unausgesprochen im Raum. Doch das brachte uns auch näher zusammen und sorgte dafür, dass wir gemeinsam entschieden, noch einmal ganz von vorne zu beginnen.

Doch für einen Neuanfang, das wurde mir klar, würde ich mit meinen Altlasten abschließen müssen. Etwas drückte mir auf die Seele: Ich wollte Kontakt zu meinem Opfer aufnehmen. Jonathan, der Obdachlose, hatte trotz schwerster Verletzungen überlebt; und ich wollte mich bei ihm entschuldigen. Am Anfang war das nicht ganz uneigennützig: Ich dachte, es würde mir selbst dadurch besser gehen. Aber bald wurde mir klar, dass natürlich auch er als Opfer eine Erklärung und eine Entschuldigung verdiente. Der Kontakt wurde für mich hergestellt, und ich schrieb ihm einen Brief. Er antwortete mir, und wir schrieben uns insgesamt dreimal. Er nahm meine Entschuldigung tatsächlich an und erschien letztlich sogar persönlich bei meiner Verhandlung.

Vor Gericht stand Jonathan auf, schüttelte meine Hand und sagte: »Ich verzeihe dir, Junge.« Er tätschelte mich, sah den Richter an, und während er meine Hand hielt erklärte er, dass er sich eine milde Strafe für mich wünsche. Da ging ein Raunen durch den Gerichtssaal. Der Richter sagte zu meinem Anwalt, dass er seinen Beruf jetzt schon lange mache, aber so etwas noch nie erlebt habe. Das floss deutlich in die Urteilsbegründung mit ein. Nach dem Jugendstrafgesetz wurde ich schließlich zu zwei Jahren Haft verurteilt, die zu einer dreijährigen Bewährungsfrist ausgesetzt wurde. Ich sollte eine Anti-Gewalt-Therapie absolvieren und musste ein Schmerzensgeld zahlen. Das Gefängnis kann einen in den Wahnsinn treiben, und man wünscht sich nichts sehnlicher als die Freiheit. Als das Urteil gesprochen wurde und das Wort »Bewährung« fiel, hatte ich eine Ganzkörpergänsehaut und freute mich einfach unbeschreiblich. Ich konnte das Gerichtsgebäude als freier Mann verlassen.

In dem Moment des Urteils war ich einfach nur überglücklich, dass die Strafe so mild ausfiel. Aber später kam mir der Gedanke, dass die Bestrafung doch eigentlich zu mild war. Natürlich konnte man eine solche Tat nicht mit einer Bewährungsstrafe aufwiegen. Kann man einen Menschen wie mich nach einem Jahr schon wieder auf die Gesellschaft loslassen? Aber das Gefängnis ist da, um dafür zu sorgen, dass man wieder in die Gesellschaft eingegliedert wird. Der Lerneffekt tritt bei manchen Menschen schon nach sechs Wochen ein, bei manchen erst nach fünfundzwanzig Jahren. Und andere bleiben dieselben Bestien, die sie vorher gewesen waren. In meinem Fall hat die Untersuchungshaft schon gereicht. Wenn ich sieben Jahre bekommen hätte, glaube ich, dass sich der Lerneffekt im Gefängnis wieder umgestellt hätte. Das Gefängnis ist ein sehr gewaltvoller Ort, und man muss emotional wirklich verhärmt sein, um darin leben zu können. Man muss sich mit körperlicher Gewalt durchsetzen, und Drogen sind an der Tagesordnung. Das eine Jahr Untersuchungshaft hat ja schon gezeigt, dass ich an meine Grenzen gegangen war und beinahe zerbrochen wäre. Wenn man sieht, dass ich die Kehrtwende geschafft habe, dass ich seit 25 Jahren straffrei bin und heute endlich das Leben führe, das ich schon viel früher hätte leben sollen, dann hat für mich dieses eine Jahr vollkommen gereicht.

Ich kann mit Sicherheit sagen: Dass mir Jonathan verzeihen konnte, war letztlich ausschlaggebend für meine Wandlung. Ohne ihn wäre es nicht möglich gewesen. Nicht nur, weil er meine Strafe vermindert hat. Ich glaube, dass mich die Schuld irgendwann so erdrückt hätte, dass ich nicht hätte weiterleben können. Nach dem Prozess war Jonathan weiter obdachlos. Er lebte wieder auf der Straße, schlief in der Kälte und konsumierte Alkohol in großen Mengen. Dass er die damalige Attacke überhaupt überlebt hatte, grenzte laut den Ärzten an ein Wunder. Man hatte ihm damals nicht einmal ein Prozent Überlebenschance zugeschrieben. Doch mit seinem Lebensstil konnte eine Wundheilung all seiner Verletzungen überhaupt nicht stattfinden. Ein Jahr nach der Tat, drei Monate nach meiner Freilassung, verstarb Jonathan. Sein Tod hat mich schwer getroffen. Schuldgefühle spielen bis heute eine große Rolle in meinem Leben. Ich werde Jonathan und das, was ich getan habe, niemals vergessen. Regelmäßig begehe ich den Jahrestag der Tat: Ich setze mich an den Tatort, trinke einen Jägermeister auf Jonathan und spreche mit ihm. Ich finde das passend, ich glaube, es hätte ihm gefallen.

Wenn man aus dem Gefängnis kommt, steht man erst einmal vor einem riesigen Scherbenhaufen. Bei mir haben zum Glück alle mitgeholfen, dass ich eine zweite Chance bekomme und mir ein Neuanfang ermöglicht wurde. Durch die milde Strafe, durch meine Familie und durch Freunde.

Aber es ist wirklich schwer, sich ein neues Leben aufzubauen. Meine Schuld ist ein Makel, der mir bis heute anhaftet. Es ist nicht einfach, ihn abzulegen, man muss sich schon anstrengen. Die Gesellschaft stigmatisiert Menschen mit einer Vergangenheit wie der meinen. Ich habe dreißig Bewerbungen abgeschickt, und alle wurden abgelehnt, eben weil darin zu lesen war, dass ich ein Jahr inhaftiert war. Bei einer Bewerbung erwähnte ich meine Haft nicht – und schon bekam ich den Job. Ich habe außerdem meinen Heimatort verlassen, ich glaube, dass auch ein räumlicher Neuanfang notwendig ist. Ginge ich heute auf ein Stadtfest in meiner alten Heimat, würden die Leute noch immer sagen: »Da ist der Pennermörder!«

Lange dümpelte ich erst einmal vor mich hin, ich jobbte in Tattoo-Studios und Fabriken und hatte keine Idee, was ich aus meinem Leben machen sollte. Dann kam ich zum ersten Mal in Kontakt mit Sozialarbeit. Eine Betreuerin fragte mich damals, ob ich sie in ein Seminar begleiten wolle, um mit Jugendlichen zu sprechen. Ich sollte ihnen einfach meine Geschichte erzählen, und das schlug gleich ein wie eine Bombe. Selbst die beratungsresistenten Kids waren total begeistert. Das machte mir sehr viel Spaß und gab mir ein unbeschreiblich gutes Gefühl. Diese Erfahrung legte den Grundstein dafür, dass ich endlich eine Aufgabe im Leben fand. Heute mache ich Gewaltprävention und biete Deeskalationstrainings an. Ich arbeite für Jugendämter und gehe in Schulen und Gefängnisse. Dort erzähle ich meine Geschichte und gebe meine Erfahrungen weiter. Dass ich mich so geändert habe, beeindruckt die meisten. Ich sehe wirklich einen Sinn in dem, was ich tue, es bewirkt einfach so viel. Ich bekomme positives Feedback, ganz tolle Briefe von den Kindern. Ich habe auch Mailkontakt mit Jugendlichen, die selbst mit einem Fuß im Gefängnis stehen. Jungs, die sich eigentlich niemandem öffnen. Manche haben drei oder vier Sozialarbeiter hinter sich und sind gerade einmal fünfzehn Jahre alt. Zu mir haben sie Vertrauen, weil ich selbst einmal so war wie sie.

Die Erinnerungen an meine Tat sind auch heute noch so präsent, als wäre sie gestern passiert. Sie verfolgt mich bis in meine Träume hinein in Bildern, Geräuschen und Gerüchen. Diese Albträume habe ich seit der Haftentlassung, mal häufiger, mal seltener. Seitdem ich die Jugendarbeit mache, sind sie zum Glück weniger geworden. Aber auch im wachen Zustand, während meiner Arbeit, muss ich mich immer wieder mit meiner Tat auseinandersetzen. Wenn ich in Schulklassen meine Geschichte erzähle, dann hat das in gewissen Maßen auch immer einen Therapieeffekt für mich. Ich will die Tat auch nicht vergessen.

Ohne das Gefängnis hätte ich mich nicht aus der Gewaltspirale befreien können. Ich bemerke sogar, dass ich zu einem gewissen Teil auch jetzt noch darin stecke. Ich bin kein Engel. Ich bin geläutert und mir meiner Schuld bewusst, ich habe mein Leben gedreht. Ich weiß aber ganz genau, dass ich in der Lage bin, Dinge zu tun, die andere nur aus dem Kino kennen. Ich glaube, richtig raus kommt man aus der Aggressionsspirale nie. Wenn man diese Schwelle einmal überschritten hat, ist man immer wieder in der Lage, dahin zurückzukehren. Ich würde sogar so weit gehen, zu sagen, dass jeder Mensch potenziell dazu in der Lage ist.

Doch ich bin der Meinung, dass es nicht schlimm ist, Fehler zu begehen. Es ist nur schlimm, wenn man nichts aus ihnen lernt. Die Vergebung anderer Menschen ist für manche so wichtig, dass sie den Hintergrund ihrer eigenen Fehler manchmal übersehen. Aber es ist wichtig, mit sich selbst im Reinen zu sein. Die Tat erinnert mich daran, wer ich war und wer ich nicht mehr sein möchte. Sie ist verantwortlich für das Leben, das ich heute führe. Und das würde ich als durchweg positiv bezeichnen: Ich habe gute Freunde um mich herum, ich habe eine Familie, habe soziale Kontakte, und ich habe meinen Hund. Ich beschäftige mich mit so vielen positiven Sachen. Ich bin kreativ und schaffe Dinge, anstatt sie zu zerstören. Ich bin heute sehr zufrieden und dankbar.

»Seit ich nichts mehr habe, bin ich glücklich.«

Günter Holzer erfuhr, wie schnell man alles verlieren kann. Einst erfolgreicher Unternehmer, lebte er nach Krankheit, Trennung und finanziellem Ruin drei Jahre lang auf der Straße.

Man kann schon sagen, dass ich es in meinem Leben zu etwas gebracht habe. Als gelernter Metzger leitete ich zunächst eine Metzgerei, dann eine Supermarktfiliale. Und schließlich führte ich über zwanzig Jahre lang äußerst erfolgreich einen Antiquitätenladen in München – auf zuletzt tausend Quadratmetern. Das war eine große Hausnummer, zu jeder vollen Stunde konnte man meine Werbung im Radio hören. Das Geschäft lief gut, und ich war in München sehr bekannt. Selbst die High Society ging bei mir ein und aus, da habe ich gern mitgemischt. Und, ich muss es zugeben, ein bisschen Luxus war mir wichtig. Ich arbeitete viel und wollte mir von meinem Verdienst auch etwas leisten. Also mietete ich ein Haus und richtete es luxuriös ein. Alles vom Feinsten, allein die Küche kostete 8000 Euro. Es war mir wichtig, dass die Familie sich wohlfühlt.

Unsere Tochter starb am 7. Januar 1992. Das ist ja schon eine ganze Weile her, mag man denken. Aber das denkt nur der, der so etwas selbst noch nicht erlebt hat. Tamara war damals unser einziges Kind. Sie war erst zehn Jahre alt und litt am Lyell-Syndrom, bei dem sich das Immunsystem gegen den eigenen Körper wendet. Nach der Diagnose blieben ihr nur noch Wochen. Nach ihrem Tod hatte ich den Laden von anfangs 500 Quadratmetern vergrößert und mich vollends in die Arbeit gestürzt. Ich wollte das Geschehene verdrängen, und die Arbeit war für mich der beste Schutzwall. Ich habe nur noch gearbeitet und gearbeitet, damit ich nicht nachdenken musste.

Meine Frau konnte den Verlust nicht überwinden, sieben Mal versuchte sie, sich das Leben zu nehmen. Und ihr letzter Versuch wäre fast geglückt. Als ich heimkam, lag sie am Boden und atmete nicht mehr. Ich habe sie von Mund zu Mund beatmet, bis der Notarzt kam, der sie dann reanimierte. Und ich habe das alles mit ansehen müssen.

Eigentlich konnte ich unsere Ehe nicht mehr ertragen, wollte mich scheiden lassen, aber durfte ich sie denn alleine lassen? Das war eine sehr schwere Zeit. Ich arbeitete rund um die Uhr und kümmerte mich gleichzeitig um meine Frau. Irgendwann ließ ich sie in eine private psychiatrische Klinik einliefern. Ich kämpfte sehr dafür, dass sie wieder auf die Beine kam. Aber sie wollte nicht mehr auf die Beine kommen, gab sich auf. Und man kann nur jemandem helfen, der das auch will.

Ich versuchte dann doch noch einmal, den Bruch zu kitten, mietete ein riesiges Wohnmobil, fuhr mit meiner Frau kreuz und quer durch Europa. Pisa, Monte Carlo, ach, wir waren fast überall, und ich zeigte ihr, was das Leben zu bieten hatte. »Wir müssen nicht davonlaufen«, sagte ich zu ihr, »schau wie schön das Leben sein kann, auch wenn die Tamara nicht mehr da ist.« Die Ärzte hatten mir geraten, wir sollten noch ein Kind bekommen, wenn meine Frau unbedingt eines wollte. Ich dachte, vielleicht ist es das, was sie wieder ins Leben zurückbringen kann. Als wir in Zell am See waren, zeugten wir schließlich unsere zweite Tochter, Anna-Marie. Die erste Zeit in dieser neuen Familienkonstellation war wirklich gut, aber dann begann meine Frau unsere Tochter sehr einzuengen. Sie hatte Angst, dass wieder etwas passieren könnte.

Zwölf Jahre blieben wir noch zusammen, aber es war keine schöne Ehe. Jedes Jahr hätten wir uns trennen können. Aber ich blieb, denn es war mir wichtig, dass Anna-Marie bei Vater und Mutter aufwächst. Ich selbst hatte keine glückliche Kindheit gehabt. Ich wuchs mit meiner Mutter, meinem Stiefvater und vier Stiefgeschwistern auf. Immer war ich der böse Sohn und bekam die Prügel ab. Meinen leiblichen Vater kenne ich nicht, noch an ihrem Sterbebett wollte mir meine Mutter seinen Namen nicht verraten. Für meine Tochter wollte ich eine heile Familie.

Doch irgendwann spielte meine Gesundheit nicht mehr mit: Herzinfarkt. Und nicht nur einer, sondern gleich drei. Als ich auf der Intensivstation lag, unsicher, ob ich das alles überleben würde, besuchte meine Frau mich kein einziges Mal. Ich überlebte, doch als ich aus dem Krankenhaus kam, hatte meine Frau meine Konten leergeräumt. Sie hatte gewusst, dass sie im Falle einer Scheidung nichts bekommen würde, da wir Gütertrennung vereinbart hatten. Also nahm sie mir auf diesem Weg alles. Damit war unsere Beziehung endgültig beendet, wir ließen uns scheiden. Als sie später wegen Krebs auf der Intensivstation lag, weit nach unserer Trennung, habe ich sie trotz allem besucht. Ich habe ihr verziehen. Wir waren 28 Jahre lang verheiratet – das ist eine lange Zeit. Sie ist letztes Jahr gestorben, mit 52 Jahren.

Nach meinen Herzinfarkten war ich im Grunde mittellos. In den Jahren zuvor hatte ich viel Geld verpulvert. Unser Haus hatte ich räumen müssen. Wir waren ja ständig zusammen und wieder getrennt gewesen. Da hatte ich immer wieder eine neue Wohnung eingerichtet. Ich war ein Verrückter, ich hatte die Frau eben doch so geliebt. Die Wohnung musste dann natürlich auch groß und vom Feinsten eingerichtet sein. Dann kam sie und zog mit dem Kind ein, aber nur zwei Tage später waren sie wieder ausgeflogen. Irgendwann war das meiste Geld weg. Und was noch da war nahm sie mir, als ich im Krankenhaus lag. Ich hatte einige Fehler gemacht und musste schließlich auch mein Antiquitätengeschäft verkaufen. Übrig blieb nichts. Also stand ich plötzlich ohne alles da. Ohne Geld, ohne Frau, ohne Tochter – denn die blieb bei ihrer Mutter – und ohne Bleibe.

Irgendwann ist alles zu viel, dann geht nichts mehr. Dieser Punkt war für mich nun erreicht. Ich konnte nicht mehr, und ich wollte auch nicht mehr. Vier Jahre ist das jetzt her. Ich schmiss alles hin, schnappte mir meinen Rollator und meinen Yorkshireterrier Snoopy und ging einfach auf die Straße. Über Nacht fühlte ich mich auf einmal so wohl, so frei. Das war ein ganz anderes Leben. Am Anfang konnte ich noch gar nicht überblicken, wie ernst und wie schwer so ein Leben auf der Straße ist. Aber das merkte ich natürlich schnell. Wie hart das Leben doch ist, wenn man Hunger hat! Ich hatte gar nichts mehr, keinen Cent. Ich sammlete Flaschen, damit ich für meinen Hund etwas zu essen kaufen konnte. Erst bekam Snoopy etwas, dann sammelten wir weiter, und dann kaufte ich mir eine Semmel. Ich saß in München herum, und es war eiskalt. Sicher, ich hätte ins Obdachlosenheim gehen können, aber dahin darf man keine Hunde mitnehmen. Ich hätte dann zwar ein Bett bekommen, aber Snoopy hätte ins Tierheim gemusst. Also entschied ich, dass ich das Tier nicht hergebe und wir lieber zusammen draußen leben. Fast drei Jahre lang lebte ich so auf der Straße. Bei Wind und Wetter schliefen wir draußen, in allen Ecken, in denen es auch nur etwas warm war, mit Snoopy in meinem Schlafsack.

Irgendwann einmal ging ich zum Hauptbahnhof, zur Bahnhofsmission. Die gaben mir einen Tee und ein Schmalzbrot, das schmeckte so gut. Ein nettes Mädel, das dort ein Büro hatte, kam zu mir und fragte mich, was mit mir los sei. Ich erzählte ihr ausführlich von meinem Leben. Und dann sagte sie: »Herr Holzer, ich nehme jetzt das Geld aus der Kasse und bezahle Ihnen für Freitag, Samstag und Sonntag ein Hotelzimmer. Da schlafen

Sie sich aus. Am Montag kommen Sie wieder zu mir, und bis dann werde ich etwas für Sie finden.« Ich nahm ihr Angebot dankend an und kam am Montag zurück. Sie fragte, ob ich die »BISS« kenne, eine Straßenzeitung für »Bürger in sozialen Schwierigkeiten«. Sie habe schon mit dem verantwortlichen Herrn telefoniert, und der wolle mich anstellen. Ich könne gleich zu ihm fahren, um alles zu klären. Und die Fahrkarten schenkte sie mir auch noch.

Ich war sehr froh über diese Möglichkeit, mein eigenes Geld verdienen zu können. Zu dieser Zeit war ich schon eine ganze Weile obdachlos gewesen und hatte einen wirklich harten Winter hinter mir. Und jetzt also die Möglichkeit, mein eigenes Geld zu verdienen. Einmal hatte ich für einen Herrn an dessen Haus gearbeitet. Er versprach mir dafür eine Bleibe, aber am Ende ließ er mich hängen. Das war mir eine Lehre, seitdem habe ich nie wieder jemanden um einen Gefallen gebeten. Zum Amt wollte ich auch nie. Dafür bin ich zu stolz. Ich ernähre mich nun mit meiner Zeitung selbst.

Das Verkaufen lief in München einigermaßen gut, auch wenn es schwierig war, einen festen Kundenstamm aufzubauen. München ist eben eine große Stadt, und viele Menschen sieht man einmal und nie wieder. Aber der Redakteur von der »BISS« wollte die Zeitung auch in Ingolstadt verkaufen, wo es sie bislang nicht gegeben hatte. Da er mit meiner Arbeit zufrieden war und mir mehr zutraute, bot er mir an, den Verkauf in Ingolstadt zu übernehmen. Im Gegenzug wollte er mir dabei helfen, dort eine Bleibe zu finden. Das Angebot nahm ich gerne an.

Und tatsächlich habe ich seit etwa einem Jahr wieder eine eigene Wohnung. Ein Einzimmerappartement für 430 Euro im Monat plus Nebenkosten. Das ist für mich nicht einfach, aber es ist machbar. Und es bedeutet ein Stück Normalität und Sicherheit für Snoopy und mich. Ich fühle mich wohl in Ingolstadt. Hier ist es persönlicher als in München, weniger anonym. Ingolstadt ist zwar auch eine große Stadt, aber jeder kennt hier jeden. Und ich bin inzwischen so bekannt wie ein bunter Hund. Mit meinem Rollator und Snoopy drehe ich täglich meine Runden durch die Stadt, um die neueste Ausgabe der »BISS« an den Mann zu bringen. Ich quatsche die Leute nicht an, dass sie eine Zeitung kaufen sollen. Wer eine haben will, der kommt zu mir. Ich dränge mich den Leuten nicht auf. Ich gehe in die Speiselokale und grüße alle freundlich. Ich spreche sie ganz allgemein an, nicht aufdringlich. Das wäre sonst eine Belästigung, finde ich. Da die Leute mich kennen, kommen auch viele zu mir und erzählen mir von ihren Sorgen, schütten mir regelrecht ihr Herz aus. Manchen gebe ich einen Rat, bei Ehestreitigkeiten mische ich mich allerdings nicht ein.

Inzwischen habe ich schon einen festen Kundenkreis, auf den ich zählen kann. Das sind vor allem Geschäftsleute, die mir regelmäßig eine Zeitung abkaufen. Manchmal gibt es sogar Trinkgeld, und einige sagen mir, ich könne mich melden, wenn ich mal Hilfe brauche. Aber das will ich nicht, ich will mein Brot selber verdienen.

Es gibt bei uns in Ingolstadt leider auch die Bettelmafia. Diese Leute kommen nur, um die Sahne abzuschöpfen und dann wieder zurück nach Rumänien oder Bulgarien zu gehen. Es sind also Bettler, die ganz gezielt zum Betteln hierherkommen, von denen manche aber in ihrer Heimat ein Haus besitzen. Die sind nicht aufrecht arm. Das ist natürlich ungerecht, wenn die Menschen so jemandem Geld zustecken. Aber wie will man das verhindern? Ich könnte das nicht, einfach so betteln.

Seit ich in Ingolstadt bin, bekomme ich den Respekt, den ich verdiene. Denn die Leute sehen, dass ich täglich unterwegs bin, dass ich für mein Geld arbeite und dass ich anständig und nicht aufdringlich bin. In einem Lokal sicherte der Wirt mir zu, dass ich jeden Mittag zum Mittagessen kommen kann, kostenlos. Das mache ich vielleicht einmal im Monat, und da esse ich dann eine Leberknödelsuppe. Ich trinke auch keinen Alkohol, mein ganzes Leben habe ich nicht getrunken. Ich sehe das Leben ziemlich nüchtern, viel nüchterner als die meisten Menschen.

Mit 64 merke ich langsam mein Alter. Die Herzinfarkte und auch die Jahre auf der Straße sind nicht spurlos an mir vorübergegangen. Ich nehme Herztabletten und habe an vielen Tagen Herzschmerzen. Mein Herz verfügt nur noch über 29 Prozent seiner Leistung, aber das verdränge ich, das ist gescheiter. Ich habe einen Schwerbehindertenausweis und einen Rollator. Treppensteigen, schneller gehen, das alles funktioniert nicht mehr. Man muss lernen, damit zu leben und kürzerzutreten. Aber oft will ich das nicht wahrhaben und schieße übers Ziel hinaus …

Noch immer muss ich viel an Tamara denken, ihr Verlust schmerzt mich bis heute sehr. Besonders zur Weihnachtszeit werde ich an ihren Tod erinnert. An Weihnachten bin ich fast nicht ansprechbar, da will ich auch nicht feiern. Sicher, es gibt einige Menschen, die mich einladen, die Feiertage mit ihnen zu verbringen, aber das möchte ich nicht. Der Heilige Abend ist ein Familientag, ich will mich bei keiner Familie einmischen. Ich würde mit meiner Traurigkeit nur die Stimmung kippen und die anderen belasten. Früher, als wir noch eine Familie waren, war Weihnachten für mich schön. Ein traumhaftes Fest mit einem wunderbaren Baum und einem riesigen Adventskranz. Mit lachenden Kinderaugen und schönen Geschenken für meine Frau und Tamara. Ich bin ein Familienmensch. Für mich ist die Familie alles gewesen, das war mein Halt. Heute, ohne Familie, möchte ich Weihnachten nicht mehr feiern. An Weihnachten bin ich bis acht oder neun Uhr auf der Straße und verkaufe meine Zeitung, dann gehe ich heim zu Snoopy. Ich bin dann so kaputt. Meistens heule ich dann noch ein bisschen, und dann schlafe ich.

Zu meiner Tochter Anna-Marie habe ich noch immer viel Kontakt, wir telefonieren oft. Sie hat ja nur noch den Papa, seit die Mama gestorben ist. Sie wohnt noch in München, und wenn ich dort zweimal im Monat bei der »BISS« vorbeischaue, treffen wir uns zum Mittagessen. Ab und zu besucht sie mich. Sicher könnten wir auch Weihnachten zusammen feiern, aber ich will mich nicht aufdrängen. Sie hat Freunde, mit denen sie feiert, da mische ich mich nicht ein. Die jungen Leute gehören zusammen, das soll sie auch genießen. Anna-Marie ist jetzt 21. Mein größter Wunsch ist, dass sie ihren Weg findet, dass sie voll im Leben steht und sich eine gute Existenz aufbaut. Dann kann ich beruhigt sterben. Das ist mein Ziel, und ich habe es schon fast erreicht.

Wenn ich so darüber nachdenke, bin ich eigentlich richtig glücklich, seit ich gar nichts mehr habe. Als ich alles hingeschmissen hatte, war ich sorgenloser, ich hatte keinerlei Verpflichtungen mehr. Auf einmal wurde der Kreis ganz klar und überschaubar. Die meisten Menschen laufen dem Geld und dem Besitz regelrecht hinterher. Sie merken gar nicht, in welchem Strom sie schwimmen. Ich finde das traurig, denn den Leuten geht es eigentlich sehr gut, und trotzdem sind sie unzufrieden, wollen immer mehr. Sie wissen gar nicht, was es bedeutet, Hunger zu haben. Bin ich neidisch? Warum soll ich neidisch sein? Ich habe alles, was ich brauche.

»Ich trug eine Sehnsucht in mir, die immer deutlicher wurde.«

In seinem ersten Leben war Tom Franz Deutscher, Katholik und erfolgreicher Jurist. Vor zwölf Jahren gab er all das auf, wanderte nach Israel aus und fand dort seine wahre Heimat.

Ich bin in Erftstadt bei Köln aufgewachsen. Köln und Deutschland, das war ganz klar meine Heimat. Ich glaubte, ich würde für immer in Köln bleiben, für mich war das gar keine Frage. Ich habe es geliebt. Bis ich Israel kennenlernte …

Alles fing damit an, dass israelische Schüler im Zuge eines Austauschprogramms an unsere Schule kamen. Ich war damals sechzehn Jahre alt und kannte bis dahin das Land nur aus den Nachrichten. Und über Juden und das Judentum wusste ich lediglich das, was wir im Zusammenhang mit dem Holocaust gelernt hatten. Aber das, was ich jetzt kennenlernte und was mich vor allem reizte, waren die Menschen. Ihre Mentalität und auch ihr Äußeres faszinierten mich und übten eine große Anziehungskraft auf mich aus. Die Jugendlichen sangen auf Hebräisch, und sie tanzten dazu, was mich zutiefst berührte. Bei ihnen herrschten eine derartige Freude und ein Gefühl der Zugehörigkeit vor, etwas Tiefes, das ich in meinem eigenen Leben vermisste.

Als ich im Rahmen dieses Schüleraustauschs zum ersten Mal nach Israel kam, erlebte ich dieses Land gleich wie eine zweite Heimat. Von Anfang an fühlte ich mich sehr wohl, obwohl alles so völlig anders war als in Deutschland. Und ich habe das Leben dort in vollen Zügen in mich aufgesogen, habe es angenommen, und mir war schnell klar, dass ich immer wieder dorthin kommen wollte.

Nach Deutschland zurückgekehrt, hatte ich tatsächlich phasenweise probiert, koscher zu essen. Das heißt, ich hörte auf, Schwein und Meeresfrüchte zu essen, und vermied es, Fleisch- und Milchprodukte zusammen zu essen. Allerdings eher aus Neugier, nicht aus Glaubensgründen. Aber dieses Land hatte mich einfach tief beeinflusst.

Nach dem Abitur folgte ich jedoch zunächst einer ganz bodenständigen Bahn. Ich absolvierte eine Banklehre. Anschließend stand der Zivildienst an, und ich entschied mich für einen Freiwilligendienst in Israel. Eineinhalb Jahre arbeitete ich in einem Krankenhaus und in einem Altenheim in Tel Aviv. In dieser Zeit entdeckte ich auch andere Teile des Landes, durchlebte das jüdische Jahr mit seinen Feiertagen und lernte Hebräisch. Ich fühlte mich so wohl in diesem Land und sagte mir: »Wenn ich irgendwo in der Welt leben möchte außer in Deutschland, dann in Israel.«

Trotzdem hakte ich das Thema nach meinem Friedensdienst erst einmal ab. Ich unterdrückte meine Liebe für das ferne Land, denn ich hatte einen vernünftigen Plan für meine Zukunft: Ich wollte Jura studieren, um Karriere zu machen, und dann wollte ich eine Familie gründen. Acht lange Jahre reiste ich nun nicht mehr nach Israel, sondern konzentrierte mich auf mein Leben in Deutschland. Ich schloss mein Jura-Studium ab und begann in einer internationalen Großkanzlei zu arbeiten. Meine Zukunft stand mir deutlich vor Augen: Ich war in meinem Beruf erfolgreich und hatte die besten Aussichten, Karriere zu machen.

Aber irgendwie war da etwas, das nicht hineinpasste in meinen perfekten Plan. Ich spürte, dass ich damit nicht glücklich werden würde. Immer häufiger stellte ich mir Sinnfragen, und ich dachte darüber nach, was für ein Leben ich eigentlich führen wollte. Nach außen hin war alles so, wie es sein sollte, mein Leben schien erfüllt, aber in mir drinnen fühlte es sich leer an.

Und gleichzeitig trug ich diese eine Sehnsucht in mir, die immer deutlichere Konturen gewann: Ich wollte in Israel leben. Trotz achtjähriger Abstinenz wurde ich rückfällig, aber heftig. Mir wurde klar, wie tief mein Bezug zu Israel war. Was noch dazukam, war ein unerklärlicher, immer stärker werdender Drang in mir, jüdisch zu werden und in dieser Religion zu leben. Bis dahin waren meine Prioritäten ganz klar geordnet gewesen: Karriere, Familie und ganz am Ende Spiritualität oder Religion. Nun stellte ich fest, dass die Reihenfolge völlig falsch war: Zuallererst wollte ich meiner Spiritualität folgen, dann eine Familie gründen, und zuletzt käme der Job.

Also machte ich Nägel mit Köpfen: Ich beendete meine Karriere, brach nach und nach all meine Zelte in Deutschland ab und streckte meine Fühler nach Israel aus.

Ich war Anfang dreißig, stand am Beginn meiner Karriere, war aber noch ungebunden und ohne Familie. Es war einfach der richtige, vielleicht auch der letztmögliche Zeitpunkt für mich, aussteigen zu können ohne allzu großen Kollateralschaden. Über zwölf Jahre ist es nun schon her, dass ich meine Sachen packte und auswanderte. Auch wenn Freunde und Familie meine Leidenschaft für Israel kannten, hatte wohl niemand damit gerechnet, dass ich wirklich auswandern würde, und auch ich selber hielt mir Hintertüren auf, um zurückkehren zu können. Für meine Eltern war dieser Schritt sehr schwierig zu verstehen. Wenn ein Kind mit Anfang dreißig, nachdem es lange studiert hat und dann endlich im Beruf steht, noch einmal ganz neu anfängt und in ein anderes Land geht – noch dazu in eines, das in den Berichterstattungen im Fernsehen sehr gefährlich aussieht –, dann ist das für die Eltern nicht einfach wegzustecken. Zwar unterstützten mich meine Eltern und sie legten mir keine Steine in den Weg, aber sie hatten doch ihre Schwierigkeiten damit, meine Entscheidung zu akzeptieren. Denn eines darf nicht übersehen werden: Ich stieg mit diesem Schritt sozial ab, das war nicht zu leugnen. Deutschland ist wirtschaftlich gesehen sicherlich das attraktivere Land. Und ich hatte meine Karriere geopfert, das war mir klar. Ich konnte nicht erwarten, dort weitermachen zu können, wo ich in Deutschland aufgehört hatte. Aber ich habe diesen Schritt niemals bereut!

Wenn man in seiner neuen Heimat die Sprache richtig beherrscht und sich noch dazu für die Kultur und die Geschichte interessiert, ist das selbstverständlich von großem Vorteil. In meinem Fall kam jedoch noch ein anderer Faktor hinzu: die Religion, was sicher den Weg zu einer echten Integration bahnte. Zu Beginn meiner Auseinandersetzung mit dem Judentum hatte ich nur oberflächliche Kontakte mit der jüdischen Religion. Beim Schüleraustausch war ich auch in Jerusalem an der Klagemauer gewesen, das war ein sehr eindrucksvolles Erlebnis für mich. Der jüdische Glaube kam mir immer sehr authentisch vor und zog mich an, ohne dass ich zu diesem Zeitpunkt gläubig gewesen wäre. Und doch gab es in meinem Leben eine Erfahrung, die womöglich mit Glauben zu tun hatte, man kann sie vielleicht als eine Art Nahtoderfahrung bezeichnen. Es war ein Unfall in Israel, bei dem ich fast von einem herabfallenden Eisenrohr erschlagen worden wäre. Nun war es allerdings nicht so, dass ich das immer wieder gern genannte große Licht gesehen hätte, denn ich blieb völlig unversehrt, aber etwas in mir hatte sich gewandelt. Zum ersten Mal dachte ich über das nach, was ich Bestimmung nennen möchte. Die Fügung wollte es, dass bei dem Vorfall ein strenggläubiger Jude zugegen war, der meine Gedanken vielleicht in die richtige Richtung lenkte. Er gab mir den Denkanstoß, dass nicht alles Zufall ist, sondern es eine höhere Macht gibt, die auf unser Leben Einfluss nimmt. Über die Jahre reifte das letztlich zu meinem Glauben.

Israel ist kein Einwanderungsland für Menschen, die einfach so dort leben wollen. Und das Judentum ist keine Religion, die missioniert und jeden sofort mit offenen Armen empfängt. Im Gegenteil: Ich hatte hier einige wirklich schwierige Jahre, es war nicht einfach, akzeptiert zu werden und anzukommen. Weil ich zunächst als Tourist kam, musste ich mich sehr anstrengen, um überhaupt bleiben zu dürfen und um mich über Wasser zu halten. Ich bekam zunächst keine Arbeitsgenehmigung, schlief teilweise bei Bekannten und lebte zeitweise auf Pump.

Direkt nach meiner Auswanderung ließ ich mich beschneiden, das gehörte für mich dazu, ich wollte ja zum Judentum konvertieren. Diese Entscheidung stand für mich unumstößlich fest. In der heutigen Zeit ist es ja möglich, fast alles rückgängig zu machen. Die Konversion zum Judentum allerdings kann ich nicht mehr rückgängig machen. Einen Austritt, wie er bei den christlichen Kirchen möglich ist, gibt es im Judentum nicht. Die Konversion stellt also einen großen Schritt dar und will gut überlegt sein, denn wir leben in einer Welt, in der Juden nicht überall gerne gesehen sind. Doch ich hatte keinerlei Zweifel, dass es für mich der absolut richtige Schritt war.

Allerdings brauchte ich für die Konversion ganze zweieinhalb Jahre, man machte es mir als Ausländer ohne selbstständiges Aufenthaltsrecht nicht leicht. Ich ging immer konsequent am Sabbat und an den Feiertagen in die Synagoge, studierte die Tora, hielt mich an den Sabbat und absolvierte die ganzen Gebete. So verbrachte ich zehn bis vierzehn Stunden pro Woche in der Synagoge mit Beten und mit Lernen des Judentums. In der Gemeinde der Synagoge fand ich nun schnell Anschluss, beobachtete die Menschen und ihre Bräuche. So lernte ich die Kultur kennen und leben.

Als ich schließlich zum Judentum konvertieren durfte, bekam ich zeitgleich auch die israelische Staatsbürgerschaft. Und endlich erhielt ich auch eine Arbeitserlaubnis. Beruflich blieb ich zunächst in meinem Fach, suchte mir eine Praktikumsstelle in einer Kanzlei und arbeitete später als freier Berater für Wirtschaftsrecht. Auch wenn für mich keine so große Karriere wie in Deutschland in Aussicht stand, es im Gegenteil sogar schwer war, mit diesem Job meinen Lebensunterhalt zu sichern, hatte ich ab Tag eins in Israel das Gefühl, dass ich mit meiner Auswanderung die richtige Entscheidung getroffen hatte. Trotz aller Schwierigkeiten in den ersten Jahren war ich unbeschreiblich glücklich hier.

Dass ich auf dem richtigen Weg war, fühlte ich auch, als ich kurz nach der Konversion meine heutige Ehefrau Dana kennenlernte. Wir heirateten und bekamen zwei Söhne und eine Tochter. Wir leben gemeinsam intensiv unseren jüdischen Glauben, beten, feiern den Sabbat und führen doch ein sehr modernes Familienleben. Typisch für orthodoxe Juden in Tel Aviv. Dana hatte ihren Glauben früher nicht aktiv gelebt. Sie sagt heute, ich hätte sie durch meinen intensiven Wunsch Jude zu werden erst mit ihrer jüdischen Seele verbunden.

Meine Frau war es dann auch, die mein Leben nicht nur privat, sondern auch beruflich auf den Kopf stellte. Denn sie überredete mich, am bekannten israelischen Kochwettbewerb »Masterchef« teilzunehmen. Eine Fernsehsendung, in der Hobbyköche in mehreren Runden mit ihren Rezepten gegeneinander antreten, bis der beste unter ihnen gewinnt. Ich war schon immer ein leidenschaftlicher Hobbykoch. Und tatsächlich waren die einzigen Dinge, die ich beim Auswandern aus Deutschland mitgenommen hatte, alle möglichen Küchengeräte. Jedes Mal, wenn ich meine Familie in Deutschland besucht hatte, brachte ich neue Utensilien für meine Küche nach Israel mit. Ich kochte immer wieder Speisen aus meiner alten Heimat, aber ich bereitete auch viele israelische Spezialitäten zu und mixte häufig beides. Ich koche koscher und würze mit einer Prise deutscher Heimat. Diese Verbindung von traditionellen deutschen Rezepten und koscherer israelischer Küche kam bei »Masterchef« gut an. Sie lobten nicht nur meine Rezepte, sondern auch meine »typisch deutsche« Sorgfalt. Ich wurde tatsächlich zum Publikumsliebling und stand am Ende sogar als der Gewinner der Show da. Diese Resonanz war eine unglaubliche Erfahrung für mich. Seither werde ich überall in Israel herzlich empfangen und habe es zu großer Bekanntheit im Land gebracht.

Meinen Beruf als Jurist habe ich mit der Zeit aufgegeben, inzwischen arbeite ich nur noch als Event- und vor allem als Fernsehkoch. Ich habe eine eigene tägliche Kochshow, bin Werbeträger, habe ein Kochbuch veröffentlicht und war zeitweise im ganzen Land auf Plakaten zu sehen. Und das als Deutscher! Ich habe über die Jahre festgestellt, dass man in Israel als Deutscher mit offenen Armen empfangen wird. Wenn man keine Ressentiments gegen Juden oder Israel im Allgemeinen hat, ist es, als gäbe es die Geschichte gar nicht. Oder vielleicht ist das Verhältnis sogar gerade wegen der gemeinsamen Vergangenheit noch herzlicher. Ich wurde in Israel noch nie offen wegen des Holocaust angefeindet.

Auch wenn ich sehr gut integriert bin, repräsentiere ich in Israel immer noch ein Stück weit Deutschland. Und in Deutschland repräsentiere ich Israel. Mein Vater und mein jüngerer Bruder leben noch immer in und bei Köln, und ich besuche sie häufig. Ich bin inzwischen in Israel zuhause, bin in diesem Land und in dieser Kultur wirklich angekommen. Aber dennoch bleibt auch Deutschland meine Heimat. Ich komme jedes Mal gerne nach Köln und schaue zum Dom hinauf. Aber beide Länder sind heute für mich Heimat. Ich bin zu einer Art kulinarischem Botschafter zwischen den Kulturen geworden.

Wendepunkte – noch ein paar Gedanken

In der Mathematik ist ein Wendepunkt ein Punkt auf einem Funktionsgraphen, an dem der Graph sein Krümmungsverhalten ändert: Der Graph wechselt hier entweder von einer Rechts- in eine Linkskurve oder umgekehrt. Solche Wendepunkte lassen sich berechnen. Die Wendepunkte im Leben nicht.

Fremdbestimmte Wendepunkte

Wir haben in diesem Buch unterschiedliche Wendepunkte kennengelernt. Wendepunkte können von einer Sekunde auf die andere unser altes, geliebtes Leben verändern. Die Auswirkungen »fremdbestimmter« Wendepunkte haben uns die Geschichten von Petra Thomas, Anja Lauckner, Christian Kurmann und Constanze Falkenberg vor Augen geführt. In ihren Geschichten geht es zwar um Verlust, um Ängste und niederschmetternde Diagnosen. Aber geht es nicht genauso um Hoffnung, Akzeptanz und Lebenswillen?

Im *Nachtcafé* haben gerade immer wieder jene Gäste einen tiefen Eindruck hinterlassen, die nach unvorstellbaren Schicksalsschlägen die Kraft gefunden haben, ihr Leben wieder positiv zu gestalten. Der junge Sohn, der im Urlaub am Telefon erfuhr, dass sein Stiefvater den Rest der

Familie umgebracht hat. Und der uns Jahre später erzählt: »Hätte ich nicht aktiv entschieden, ihm zumindest innerlich zu verzeihen, hätte mich das alles aufgefressen und krank gemacht.«

Oder eben Constanze Falkenberg, die mit ansehen musste, wie Mann und Kinder bei einem Verkehrsunfall ums Leben kamen. Ihr hat der Glaube an Gott geholfen, ihr Leben sogar recht schnell nach diesem Schicksalsschlag wieder in die Hand zu nehmen. Auch Petra Thomas, die mit Mitte dreißig an einer – so die Ärzte – unheilbaren Krankheit leidet und trotzdem die Energie und Kraft findet, sich zu engagieren, hat viele Zuschauer beeindruckt.

Angelika Kallwass hat beschrieben, zu welchen Wegen im Umgang mit Verlust und Ängsten sie als Psychologin aus professioneller Perspektive raten kann. Auch fremdbestimmte Wendepunkte, das zeigen die Geschichten in diesem Buch, können zu mehr Selbstbestimmung und zum Besinnen auf das Wesentliche führen.

Bewusst herbeigeführte Wendepunkte

Wir können Wendepunkte aber auch bewusst herbeiführen, um unser Leben neu zu gestalten. Um endlich auch von anderen so wahrgenommen zu werden, wie wir uns immer gefühlt haben. Karolina Leppert und Hannah Lietz sind Beispiele dafür, dass solche bewusst herbeigeführten Wendepunkte zu mehr Lebensqualität führen können. Haben auch Sie solche Wendepunkte schon einmal initiiert? Nicht jeder lebt so weit von seiner gefühlten Identität entfernt wie Hannah Lietz, als sie noch Klaus Lietz war. Aber vielleicht sind es für Sie die kleinen Schritte in verschiedenen Lebensbereichen, die dazu führen können, dass auch in Ihrem Leben plötzlich alles anders erscheint. In diesem Buch geht es um die großen Einschnitte, die Wendepunkte. Aber natürlich kann auch die Summe kleinerer Veränderungen ähnliche Effekte haben.

Fast alle bewusst herbeigeführten Wendepunkte sind mit Risiken verbunden. Denn nicht jede Veränderung führt in die gewollte Richtung. Haben Sie sich schon einmal von einem Partner getrennt und es anschließend bereut? Trauern Sie einer Beziehung nach und fragen sich, wie das Leben mit ihr oder ihm verlaufen wäre? Wir haben Gäste im *Nachtcafé* begrüßt, die ganz bewusst ihren lukrativen Job aufgegeben und sich einem ursprünglicheren, nicht so sehr vom Materiellen geprägten Leben zugewendet haben. Menschen, die im stillen und ritualisierten Alltag einer Glaubensgemeinschaft ihre Erfüllung suchen oder auch einfach nur in einem Bauwagen in einem abgelegenen Wald ein Leben führen wollen, so weit weg wie möglich von Hektik und Zivilisation. So häufig Menschen in diesen Lebensentwürfen vorübergehend oder dauerhaft das finden, was sie suchen, so häufig können sie Veränderungen auch bereuen. Die Befürchtung, einmal im Leben falsch abzubiegen und nicht mehr zurück in die Spur zu finden, kann man nicht ganz zerstreuen. Wir hoffen, dass Ihnen Angelika Kallwass einige Hinweise geben konnte, wie Sie für sich prüfen können, ob Sie privat oder beruflich einen Wendepunkt bewusst herbeiführen sollten oder nicht.

Erfolg und Misserfolg als Wendepunkt

Wie jeder von Ihnen habe auch ich Entscheidungen getroffen, die zu Wendepunkten wurden. Beruflich habe ich Erfolg und Misserfolg kennengelernt. Zum Glück waren die erfolgreichen Phasen bisher länger als die des Misserfolgs. Aber trotzdem muss man in meinem wie in vielen anderen Berufen erst einmal lernen, mit Lob genauso umzugehen wie mit berechtigter und unberechtigter Kritik. Und alle, die sich beruflich in einem öffentlichen Umfeld bewegen, müssen sich fragen: Wie nah lassen wir öffentliche Häme an uns heran? Wie sehr zögern wir, eine neue Aufgabe zu übernehmen, weil wir uns nicht der öffentlichen Kritik aussetzen wollen?

In meinem Berufsleben lief jahrelang alles sehr stringent und erfolgreich. Ein beruflicher Schritt folgte fast spielerisch auf den anderen. Aber dann, mit Mitte dreißig, machte ich auch die gegenteilige Erfahrung. Mit dem ZDF-Format *Zwischenstopp* moderierte ich erstmals eine Sendung, die kein Erfolg wurde. Schlechte Kritiken, schlechte Stimmung in der Redaktion, schlechte Einschaltquoten. All das war zwar erklärbar – der Sendeplatz passte nicht zum Format, das Format wohl nicht richtig zu mir, in der Redaktion lief vieles schief –, aber im Kleinen habe ich mit dieser Sendung die Erfahrung gemacht, die viele andere weit mehr im Fokus der Öffentlichkeit machen mussten. Denken wir an Thomas Gottschalk. Gefeiert (und okay, auch immer mal wieder kritisiert) als *Wetten, dass..?*-Moderator, war er unbestritten der König der Samstagabend-Unterhaltung. Mit anderen Formaten, als Nachmittags- oder Late-Night-Talker, erntete er teilweise heftige Kritik, und die Zuschauer wandten sich ab. Was das mit Wendepunkten zu tun hat? Auch Erfolg und Misserfolg können von anderen, aber auch von uns selbst als Wendepunkte wahrgenommen werden. Vielleicht haben Sie schon einmal einen kleinen Laden eröffnet und mussten ihn wieder schließen. Haben Sie danach in den Blicken von Bekannten und ehemaligen Kunden nach Schadenfreude oder Mitleid gesucht? Wie sehr hat Sie dieser berufliche Wendepunkt auch persönlich getroffen?

Wir sollten dankbar sein, wenn wir mit unseren Fähigkeiten auf eine Aufgabe, ein Team und Rahmenbedingungen treffen, die zu uns passen. Das sind Glücksfälle im Leben. Der kleine Laden, den Sie eröffnen, kann von Ihnen liebevoll gestaltet sein. Sie können das richtige Personal ausgewählt haben. Der falsche Standort kann dazu führen, dass Sie nach drei Monaten schließen müssen. Hundert Meter weiter hätten Sie vielleicht Erfolg gehabt. Vielleicht hilft das, um sowohl im Erfolg als auch im Misserfolg den eigenen Anteil zu relativieren. Nicht jeder negative berufliche Wendepunkt muss eine persönliche Niederlage sein. Nicht jeder berufliche Erfolg macht Sie unwiderstehlich.

Glamour und Absturz

Im *Nachtcafé* waren mit Nils Schumann und Sandra Völker zwei Sportler zu Gast, die den Glamour von Olympiasiegen und Weltmeisterschaftstiteln genossen haben. Nils Schumann wurde im Jahr 2000 mit 22 Jahren Olympiasieger in Sydney, Sandra Völker war über viele Jahre neben Franziska van Almsick die erfolgreichste deutsche Schwimmerin ihrer Zeit. Beide wurden auf dem Höhepunkt ihrer Karrieren zu Deutschlands Sportler bzw. Sportlerin des Jahres gewählt. Aber nach ihrer Karriere stürzten sie ab.

Wendepunkte leiteten den Abstieg ein. Verletzungen, die das Karriereende früher als erwartet einläuteten. Falsche finanzielle Entscheidungen. Menschliche Enttäuschungen. Die beiden Vorzeigesportler, über Jahre in vielen TV-Sendungen gern gesehen, standen plötzlich vor dem finanziellen Fiasko. Beide haben ihre Schlüsse aus dem Absturz gezogen. Sie haben Freundschaften und persönliche Wertmaßstäbe neu definiert. Aber so, wie sie bei uns im *Nachtcafé* aufgetreten sind, machten sie nicht den Eindruck, als seien sie gebrochene Persönlichkeiten. Im Gegenteil. Wer sagt uns, dass Menschen, die von außen mit Misserfolgen oder »Abstürzen« verbunden werden, heute nicht ein Leben führen, dass sie viel mehr ausfüllt als das Leben im Glamour?

Inge Jens erzählte uns im *Nachtcafé*, wie die Demenzerkrankung ihres Mannes Walter Jens auch ihr Leben veränderte. Helge Schneider sprach bei uns über seine

Kindheit im Ruhrgebiet, die sein weiteres Leben und berufliches Wirken entscheidend geprägt hat. Von der jahrelang gefeierten Schriftstellerin Sibylle Lewitscharoff haben wir erfahren, wie sie damit umging, als der Wind sich drehte und sie nach umstrittenen Äußerungen plötzlich im Abseits stand. Immer wieder ging es aus unterschiedlichen thematischen Perspektiven bei diesen Gästen um die Frage, was ihnen jenseits von Erfolg und Misserfolg im Leben wirklich wichtig ist.

Was ist wichtig?

Und ist das nicht ein Kern des bewusst herbeigeführten Wendepunkts? Dem näherzukommen, was uns im Leben wichtig ist? Immer wieder ging es in den Geschichten dieses Buchs darum, ob und wie weit wir uns an Erwartungen orientieren und uns den Normen unseres privaten Umfelds anpassen.

Eine Partnerschaft, in der die Frau vier Jahrzehnte älter ist als der Mann, stößt immer noch auf mehr Verwunderung und Widerstände als die umgekehrte Konstellation. Warum eigentlich? Frau Schaefer und Herr Beyl fühlten, dass für sie die Liebe zueinander ein zentraler Bestandteil ihres Lebens ist, und sie haben sich den Normen erfolgreich widersetzt.

Für Sascha Bisley wurde der Ausstieg aus dem Normenkatalog der rechten Gruppierung, der er angehörte, zur persönlichen Bedrohung. Aber er erkannte, dass er mit sich nur ins Reine kommt, wenn er sich von seiner alten

Welt lossagt und dafür kämpft, dass andere erst gar nicht extremen und radikalisierten Gruppierungen verfallen.

Wie wichtig ist uns der berufliche Erfolg? Ist Tom Franz nur deshalb ein Protagonist dieses Buchs, weil er in Israel zum erfolgreichen Fernsehkoch avancierte? Nein, dies ist nur eine Facette seines Lebens als ein zum Judentum konvertierter Deutscher in Israel. Viel wichtiger ist, was ihn dazu antrieb, seinen vorgezeichneten Weg in Deutschland zu verlassen, einen Wendepunkt einzuleiten und mit gut dreißig noch einmal komplett neu anzufangen.

Ist Uday al Khatib nur dann erfolgreich integriert, wenn er als Automechaniker in Deutschland Karriere macht? Und sind im Umkehrschluss all die Flüchtlinge gescheitert, die nicht gleich beruflich durchstarten?

Beruflicher Erfolg ist sicher ein Kriterium für Lebensqualität und kann auch Integration befördern. Viele von uns ringen mit der Frage, wie viel Raum wir dem Beruf in unserem Leben einräumen möchten.

Aber wir wollen nicht vergessen: Überhaupt eine berufliche Perspektive zu haben, ist wichtig, um Existenzsorgen zu vermeiden. Was ist mit all denen, die nicht die Kraft und Energie haben, beruflich durchzustarten? Die aufgrund schlechter Startbedingungen und persönlicher Rückschläge keine Aussicht auf eine auch nur durchschnittliche Job-Perspektive haben? Sind sie selbst schuld, dass sie den Wendepunkt hin zu einem besseren Leben nicht geschafft haben?

Die Geschichten dieses Buchs zeigen, wie weit das, was uns wichtig ist, über Erfolg und Misserfolg hinausweist. Es ging in den Geschichten wie für die meisten von uns in unserem Leben um Liebe, um Anerkennung und lebendige Partnerschaften. Es ging um Selbstbestimmung, Beistand und Mitgefühl. Um soziale und wirtschaftliche Sicherheit und persönliche Freiheit. Und darum, dass wir auch gegen alle Konventionen prüfen, welches Leben uns wirklich entspricht. Wenn knapp 300 *Nachtcafé*-Gäste pro Jahr uns als Redaktion etwas lehren, dann vor allem, dass wir mit schnellen Urteilen zurückhaltend sein sollten. Zunächst einmal wollen wir zuhören. Nicht gleich richten, nicht gleich (ver-)urteilen. Wie hatte es die Frau formuliert, die mich im Café angesprochen hatte? »Wir sehen doch in jedem Menschen auch uns selbst.«

Das *Nachtcafé* will das Leben in Geschichten erzählen. Die Geschichten sollen Ihnen, so abgegriffen es für manche klingen mag, Orientierung geben. Prominente sprechen bei uns mit Nichtprominenten auf Augenhöhe. Die Zahl der Gäste, die noch keine Medienerfahrung haben, liegt bei ca. sechzig Prozent. Von ihnen lebt unsere Sendung. Und von Experten und Expertinnen wie Angelika Kallwass, die eine Brücke zur Wissenschaft schlagen. Martin Müller wird als Leiter der »Journalistischen Unterhaltung« im SWR und als Verantwortlicher für das *Nachtcafé* im Nachwort noch einiges ergänzen. Von mir nur noch so viel: Dass wir uns neunzig Minuten Zeit für ein Thema nehmen, dass bei uns Menschen teilweise zwanzig bis dreißig Minuten lang ihre Geschichten erzählen, mag wie aus der Zeit gefallen wirken. Aber ist es das wirklich?

Dieses Buch sollte kein klassisches Begleitbuch einer Fernsehsendung sein. Kein Buch mit vielen Fotos und einem Überblick über das »Who is who« unserer Gäste. Es sollte sich vielmehr wie das *Nachtcafé* selbst einem Thema widmen, das auch in Ihrem Leben wichtig ist. Und davon, das zeigen dreißig Jahre *Nachtcafé*, gibt es genug. In diesem Sinne: Bis zum nächsten Buch dieser Reihe!

Das Nachtcafé

Von Martin Müller

Die Talkshow ist das am meisten unterschätzte Genre im deutschen Fernsehen – davon bin ich wirklich überzeugt.

Angesichts der Talkshow-Schwemme im Fernsehen mag das komisch klingen: Kaum ein Abend vergeht, an dem nicht »Talking Heads«, also sprechende Köpfe, zu sehen sind. Oftmals zeitgleich, nicht selten dieselben mehrmals in der Woche und auf den diversen Kanälen zu ähnlichen Themen. Meist folgt die Zusammensetzung dieser Talkshows einfachen Rezepten: Wer ist dafür, wer ist dagegen, wer ist der Experte, wer ist als Journalist mit dabei. Der Erfolg dieser Sendungen ist ungebrochen, und vor allem viele Politiker gehen gerne in diese Sendungen: So können sie ihre Positionen vor einer großen Zuschauerzahl vertreten und ihren Marktwert erhöhen – innerhalb der eigenen Partei, aber eben auch beim breiten Publikum.

Für viele Prominente wie Schauspieler oder Autoren ist ein Auftritt in Talkshows oft eine willkommene Gelegenheit, die eigene Bekanntheit weiter zu steigern, ein Buch in der breiten Öffentlichkeit zu bewerben oder möglichst viele Zuschauer in ihren neuen Film in die Kinosäle zu locken.

Dass eine Talkshow auch etwas anders sein kann, zeigt das *Nachtcafé* seit Jahrzehnten jede Woche:

Zum einen geht es bei uns im *Nachtcafé* jedes Mal um ein einziges Thema, eine Fragestellung und den Wunsch nach einem tieferen Verständnis, einem breiteren Zusammenhang, im besten Fall nach Erkenntnis.

Zum anderen sind im *Nachtcafé* überwiegend Menschen zu Gast, die weder monetäre noch andere Vorteile damit verbinden, dass sie im Fernsehen ihre Lebensgeschichte erzählen und von ihren Erfahrungen berichten. Für sie zählt meist nur eines: andere an ihren Erfahrungen teilhaben zu lassen, ihnen Mut in einer schweren Schicksalslage zu machen oder ihnen zu helfen, Lebensfehler zu vermeiden.

Es geht um Menschlichkeit und das Gefühl, mit anderen verbunden zu sein, die mit vergleichbaren Fragen und Herausforderungen durch das Leben gehen. Und dabei kann es um alles gehen: sei es eine Behinderung, der berufliche Absturz oder eine unglückliche Liebe, sei es eine späte Vaterschaft, der Erfolg über Nacht oder die Gesundheit im Alter.

Sich in den Dienst der Sache zu stellen, das ist Maßstab für uns und unsere Gäste. Und es gilt für uns eine weitere Regel: In der Sendung sprechen Menschen miteinander, die im normalen Alltag nicht miteinander ins Gespräch kämen. Die Nonne und der Rimini-Playboy diskutieren darüber, was im Leben wirklich zählt, die alleinerziehende Mutter, die finanziell kaum über die Runden kommt, trifft im *Nachtcafé* auf einen Finanzspekulanten und streitet mit ihm über soziale Gerechtigkeit.

Dabei ist noch etwas wichtig: Jede Erfahrung und jede Meinung sind im *Nachtcafé* gleich viel wert. Egal ob es eine Ministerin ist, die sich äußert, oder eine Krankenschwester, egal ob es sich um einen Bischof oder einen Busfahrer handelt – im *Nachtcafé* ist wichtig, was die Gäste sagen, aber nicht, welchen beruflichen Status sie besitzen. Zudem ist jeweils eine Expertin oder ein Experte in der Sendung, der aus den konkreten Lebenserfahrungen sowohl allgemeine Erkenntnisse ableitet als auch zusätzliche Informationen einbringt, sodass in die Diskussion zum jeweiligen Thema neue Einsichten einfließen und auf diese Weise ein Mehrwert entsteht.

Wieland Backes hat vor dreißig Jahren diese Form der Talkshow etabliert und 27 Jahre lang äußerst erfolgreich moderiert. Nur wenigen Fernsehschaffenden überhaupt ist es gelungen, eine Sendung über einen so langen Zeitraum inhaltlich auf der Höhe der jeweiligen Zeit und attraktiv für die Zuschauerinnen und Zuschauer zu halten – speziell in einem sich ständig verändernden Fernsehmarkt. Wie gelungen und kraftvoll Wieland Backes' wegweisende Formatentwicklung des *Nachtcafé* war, zeigt sich nicht zuletzt daran, dass die Sendung im Kern bis heute nahezu unverändert besteht.

Am Freitagabend ist das *Nachtcafé* aus der Fernsehlandschaft nicht wegzudenken, und als thematische Talkshow ist es heutzutage ebenso wichtig wie früher.

Unsere Gesellschaft driftet immer weiter auseinander: Die Schere zwischen Arm und Reich öffnet sich zusehends, der Bildungsstand unterscheidet sich immer mehr, diejenigen, die sich für andere aufopfern, wie Altenpfleger oder Hospizschwestern, werden kaum noch wahrgenommen, während oftmals privilegierte und vom Schicksal begünstigte Selbstdarsteller mit raschen, oberflächlichen Schlagzeilen viel Aufmerksamkeit in den Medien erhalten.

Das *Nachtcafé* sieht sich als Ort des Austauschs und der Diskussion aller Menschen und aller gesellschaftlichen Gruppen. Deshalb bringen wir Woche für Woche die unterschiedlichsten Lebenswelten zusammen. Wir sehen unsere Aufgabe darin, verschiedenste Menschen mit ihren Schicksalen und Erfahrungen miteinander ins Gespräch zu bringen. Bei uns soll gerungen werden: Was ist im Leben wichtig, wie wollen wir alle miteinander umgehen, und welche Verantwortung trägt jeder für sich und für andere.

Dabei geht es nicht nur um die großen Fragen, vielmehr zeigt sich das Große gerade im Kleinen. Nichts ist konkreter als das Konkrete, und genau darüber sprechen wir. Als wir im *Nachtcafé* den Lebensbereich »Wohnen« thematisierten, war eine ältere Dame zu Gast, die im hohen Alter aus ihrer Wohnung ausziehen musste, in der sie ihr gesamtes Leben verbracht hatte. Das Haus war an einen Immobilienhai gefallen, der die ältere Dame mit über achtzig Jahren ohne Skrupel von heute auf morgen vor die Tür gesetzt hat. Sie hat viel verloren: Die Räume, in denen sie ihr Leben verbracht hat, die Nachbarn, die kleinen Geschäfte um die Ecke. Mittlerweile wohnt sie anonym am Stadtrand, und wann immer ihre Gesundheit es zulässt, fährt sie mit der Straßenbahn in ihre alte Straße, um ein Stück Heimat zu fühlen. Dies sagt mehr aus über das Thema soziale Gerechtigkeit und die Frage, wie wir in einer Gesellschaft miteinander umgehen, als viele Diskussionen hochrangiger Politiker und Experten.

Im *Nachtcafé* wollen wir den Menschen zuhören. Wir wollen wissen, wie es ihnen geht. Und wir wollen den Austausch und das Ringen um den richtigen Umgang miteinander, um gelebte Menschlichkeit, um Mitgefühl und Verständnis fördern. Dafür ist das *Nachtcafé* da, darin sehen wir unsere Aufgabe.

Michael Steinbrecher verabschiedet die Zuschauer am Ende jeder Sendung mit dem Satz: »Bis zur nächsten Woche in IHREM *Nachtcafé*« – genau so ist es auch gemeint: Wir wollen für Sie da sein.

Und wir machen es uns nicht leicht. Eine Redaktion von neun Redakteurinnen und Redakteuren sowie zwei Chefs vom Dienst recherchieren die Sendungsgäste und bereiten die Sendung inhaltlich vor.

Die Arbeit als Talkshowredakteur im *Nachtcafé* ist eine anspruchsvolle und anstrengende Aufgabe und garantiert kein Job, den man einfach so innerhalb normaler Arbeitszeiten bewältigen kann. Die Kolleginnen und Kollegen führen die Gespräche oft am Abend, am Wochenende oder wann immer es die Gesprächspartner einrichten können. Die besondere Leistung besteht darin, die Menschen aufzutun, die am Ende in der Sendung sitzen, die bislang noch nirgends aufgetreten sind, über die niemand je geschrieben hat und die einfach nur ihr Leben leben, ohne jemals den Weg in die Medien gesucht zu haben.

Immer wieder werden wir gefragt, wie es gelingt, diese Menschen mit ihren oftmals erstaunlichen Lebensgeschichten zu finden und für das *Nachtcafé* zu gewinnen. Die Kolleginnen und Kollegen müssen genau zuhören, ein sensibles Verständnis für den jeweiligen Gesprächspartner entwickeln, sie müssen verstehen, wie er als Person ist. Dies gelingt auch deshalb, weil uns allen nichts Menschliches fremd ist. Wir alle sammeln Erfahrungen im Leben, gute wie schlechte, und lernen, mit ihnen zu leben.

Im Idealfall können wir andere an Erlebnissen und Erfahrungen teilhaben lassen. Das geschieht im *Nachtcafé* durchaus auch auf unterhaltsame Weise: Bei allen Schicksalen und aller Tragik im Leben – es wird in unserer Sendung genauso gelacht wie geweint, es geht so heiter zu wie es ernst sein kann. Die gesamte Bandbreite menschlichen Erlebens findet Woche für Woche statt im alten E-Werk in Baden-Baden.

Jeder Mensch trägt seine eigene Wahrheit, seine eigene Wahrhaftigkeit, in sich. Niemandem steht es zu, diese Wahrhaftigkeit infrage zu stellen oder jemandem zu erklären »wie es eigentlich ist«. Wir hören zu, wir wollen verstehen – wir wollen verstehen, wie Menschen zu dem wurden, was sie sind. Was sie erlebt haben, was sie geprägt hat. Dabei trägt uns alle eine Grundhaltung: Wir respektieren Menschen, und wir lassen sie so sein, wie sie sind. Wir führen niemanden vor, sowohl die Redakteure als auch Michael Steinbrecher überschreiten niemals die Linie, bis zu der sich unsere Gäste im Gespräch wahrhaftig dargestellt sehen.

Allerdings gibt es auch Ausnahmen. Ab und zu machen wir Sendungen, in denen sich Verantwortliche rechtfertigen müssen: der Klinikchef, in dessen Krankenhaus jemand falsch behandelt wurde, der Richter, der ein Fehlurteil gefällt hat – hier stehen wir auf der Seite der Geschädigten, die sich nicht wehren können, auf der Seite derjenigen, die keine Stimme haben.

Das *Nachtcafé* ist nicht wertfrei. Wir glauben daran, dass wir mit einer humanistischen Herangehensweise, einem Bemühen um Andere, einem guten Zuhören und einem ehrlichen Austausch im Ringen um Verständnis zumindest einen kleinen Beitrag dazu leisten können, die Diskussionskultur ein wenig zu verbessern. Allzu schnell werden Menschen und ihre Meinungen – besonders in diesen Zeiten – in Schubladen gesteckt, abgewertet und teilweise sogar angefeindet. Wir haben jede Woche eineinhalb Stunden Zeit, zuzuhören und den Austausch zu pflegen. Wir sind froh und dankbar, wenn Sie mit dabei sind, wenn Sie uns gewogen bleiben und auf diese Weise ein Teil der *Nachtcafé*-Gemeinschaft sind.

Die *Nachtcafé*-Buchreihe ist inhaltlich eine Gemeinschaftsarbeit, an der die gesamte Redaktion mitwirkt. Die

Sendungsgäste, die Redaktion und der Moderator spenden alle Einnahmen aus diesem Buch.

An dieser Stelle möchte ich als Erster Sarah Dierks danken, die die Gespräche mit unseren Sendungsgästen für dieses Buch redaktionell inhaltlich aufbereitet und in Buchform gebracht hat. Dann gebührt der Dank natürlich den Kolleginnen und Kollegen, die die Gäste in diesem Buch recherchiert und in die Sendung geführt haben: Nadine Ackermann, Sascha Arndt, Susanne Baumeister, Georg Bruder, Barbara Christoffers, Claas Collet, Sarah Dierks, Anne Fischer, Matthias Göttfert, Julia Kamperdick, Karen Schuller, Katja Stolle-Kranz.

Ein großes Dankeschön gilt Petra Sziede, die in hervorragender Weise das Gesamtprojekt der *Nachtcafé*-Buchreihe plant, organisiert und koordiniert sowie mit gestalterischem Input begleitet.

Und natürlich Michael Steinbrecher, der nicht nur *Nachtcafé*-Moderator ist, sondern das *Nachtcafé* als Gastgeber wirklich lebt.

Martin Müller ist Leiter der Abteilung Journalistische Unterhaltung beim Südwestrundfunk und Leiter des *Nachtcafé*.

Impressum

Gedruckt auf 100 g/qm geglättetes Alster-Werkdruckpapier
100% holzfrei, alterungsbeständig, chlor- und säurefrei.

Die Autoren und die Redaktion Nachtcafé spenden
sämtliche Erlöse an das Kinderhilfswerk Herzenssache e.V.
www.swr.de/herzenssache

Lizenziert durch SWR Media Services GmbH, Stuttgart.

© 2017 Klöpfer und Meyer Verlag GmbH & Co. KG, Tübingen.
Alle Rechte vorbehalten.
Printed in Germany
ISBN 978-3-86351-428-0

Lektorat: German Neundorfer, Freiburg.
Korrektorat: Sabine Besenfelder, Tübingen.
Satz und Layout: Uli Braun, Konstanz.
Fotos: Tom Oettle, Leinfelden-Echterdingen.
Foto Tom Franz: Daniel Lailah, Israel.
Einbandgestaltung: Christiane Hemmerich
Konzeption und Gestaltung, Tübingen.
Herstellung: Horst Schmid, Mössingen.
Druck und Einband: Pustet, Regensburg.

Mehr unter www.kloepfer-meyer.de
sowie www.swr.de/nachtcafe